Die Microsoft 365 Copilot Revolution

Arbeit transformieren mit KI

Heinrich Neumann

Die Microsoft 365 Copilot Revolution

Arbeit transformieren mit KI

Veröffentlicht von
Heinrich Neumann

ISBN
9798319074416

Urheberrechtshinweis

Haftungsausschluss:

INHALTSVERZEICHNIS

EINLEITUNG

In den letzten Jahren habe ich eine grundlegende Veränderung in der Arbeitswelt beobachtet. Als Experte für digitale Transformation und KI-Implementierung im Unternehmenskontext erlebe ich täglich, wie künstliche Intelligenz unsere Art zu arbeiten revolutioniert. Mitten in dieser Revolution steht Microsoft 365 Copilot – ein Werkzeug, das das Potenzial hat, die Produktivität und Kreativität in deutschen Unternehmen neu zu definieren.

Die Geschwindigkeit, mit der KI-Technologien in unseren Arbeitsalltag einziehen, ist beeindruckend und manchmal überwältigend. Vielleicht spüren Sie selbst eine gewisse Unsicherheit angesichts dieser Entwicklung. Sie fragen sich möglicherweise, wie sich Ihre Rolle verändern wird oder ob Sie mit dem technologischen Wandel Schritt halten können. Diese Bedenken sind verständlich und ich teile sie mit vielen meiner Klienten.

Doch nach jahrelanger Erfahrung in der Begleitung von Unternehmen bei ihrer digitalen Transformation kann ich Ihnen versichern: Die Integration von KI-Tools wie Copilot bietet enorme Chancen für jeden, der bereit ist, sich auf diese neue Ära einzulassen. In meiner Beratungstätigkeit habe ich gesehen, wie Mitarbeiter aller Hierarchieebenen und Altersgruppen durch den gezielten Einsatz von Copilot nicht nur effizienter wurden, sondern auch mehr Freude an ihrer Arbeit fanden.

Dieses Buch entstand aus meiner Leidenschaft, Menschen dabei zu helfen, technologische Hürden zu überwinden und das volle Potenzial digitaler Werkzeuge auszuschöpfen. Mit "Die Microsoft 365 Copilot Revolution" möchte ich Ihnen einen praxisnahen

Leitfaden an die Hand geben, der Ihnen hilft, Copilot nicht nur zu verstehen, sondern aktiv für Ihren beruflichen Erfolg zu nutzen.

In den kommenden Kapiteln werden wir gemeinsam eine Reise unternehmen. Wir beginnen mit dem Verständnis der aktuellen KI-Welle und ihrer Auswirkungen auf Ihre Arbeitssituation. Anschließend tauchen wir ein in die Grundlagen von Microsoft 365 Copilot und lernen, wie Sie erste Hürden überwinden können. Schritt für Schritt erkunden wir dann, wie Sie effektive Prompts formulieren und schnelle Erfolge erzielen können.

Ein besonderer Schwerpunkt liegt auf der Neugestaltung Ihrer Arbeitsabläufe mit Copilot. Hier zeige ich Ihnen, wie Sie Routineaufgaben automatisieren und die Zusammenarbeit im Team verbessern können. Für fortgeschrittene Anwender biete ich Strategien zur Datenanalyse und zur Förderung von Kreativität und Innovation mit Copilot. Schließlich erfahren Sie, wie Sie die Copilot-Transformation nachhaltig in Ihrem Arbeitsalltag verankern können.

Während meiner Arbeit mit einem mittelständischen Produktionsbetrieb in Süddeutschland konnte ich hautnah miterleben, wie skeptische Mitarbeiter zu begeisterten Copilot-Anwendern wurden. Der Abteilungsleiter für Qualitätssicherung, anfangs einer der größten Kritiker, gestand mir nach nur wenigen Wochen: "Ich hätte nie gedacht, dass ich einmal so viel Zeit für strategische Aufgaben haben würde. Die Dokumentation, die ich früher stundenlang manuell erstellt habe, erledigt Copilot jetzt in Minuten – und ehrlich gesagt besser strukturiert als ich es je getan habe."

Solche Erfahrungen motivieren mich, dieses Wissen weiterzugeben. Als ich vor einigen Jahren begann, mich intensiv mit KI-Assistenten zu beschäftigen, musste ich selbst viel durch Trial-and-Error lernen. Es gab keine strukturierten Anleitungen, die speziell auf den deutschen Unternehmenskontext zugeschnitten waren und die besonderen Anforderungen unserer Arbeitskultur berücksichtigten.

Mit diesem Buch schließe ich diese Lücke. Ich biete Ihnen einen durchdachten Fahrplan, der auf meinen praktischen Erfahrungen in zahlreichen Projekten basiert. Dabei berücksichtige ich auch die besonderen Herausforderungen, die im deutschen Markt bestehen – von Datenschutzbedenken bis hin zu branchenspezifischen Workflows.

Die künstliche Intelligenz steht nicht mehr vor der Tür – sie ist bereits mitten unter uns. Die Frage ist nicht mehr, ob KI unsere Arbeit verändern wird, sondern wie wir diese Veränderung aktiv gestalten. Meine Erfahrung zeigt, dass diejenigen, die proaktiv die Möglichkeiten von Tools wie Copilot erkunden und in ihren Arbeitsalltag integrieren, nicht nur effizienter arbeiten, sondern auch wertvolle Zukunftskompetenzen aufbauen.

In Gesprächen mit Führungskräften höre ich oft die Sorge, dass KI menschliche Arbeitskräfte ersetzen könnte. Nach allem, was ich in meinen Projekten erlebt habe, kann ich diese Befürchtung für die meisten Tätigkeitsbereiche entkräften. Vielmehr beobachte ich eine Verschiebung von Aufgaben: Routinetätigkeiten werden zunehmend automatisiert, während der Mensch sich auf kreative, strategische und kommunikative Aspekte seiner Arbeit konzentrieren kann.

Ein Rechtsanwalt aus Frankfurt beschrieb mir diese Transformation folgendermaßen: "Früher verbrachte ich Stunden damit, Präzedenzfälle zu recherchieren und Standarddokumente zu erstellen. Mit Copilot kann ich diese Zeit nun für die komplexe juristische Analyse und den persönlichen Kontakt mit meinen Mandanten nutzen. Meine Arbeit ist nicht weniger geworden – sie ist sinnvoller geworden."

Diese Erfahrung spiegelt wider, was ich immer wieder beobachte: KI-Tools wie Copilot befreien uns von monotonen, zeitraubenden

Aufgaben und eröffnen Raum für die Aspekte unserer Arbeit, die wirklich menschliches Urteilsvermögen, Empathie und Kreativität erfordern.

Die Integration von Copilot in Ihren Arbeitsalltag ist kein einmaliges Projekt, sondern ein kontinuierlicher Lernprozess. Technologien entwickeln sich weiter, neue Funktionen kommen hinzu, und mit zunehmender Erfahrung werden Sie immer raffiniertere Einsatzmöglichkeiten entdecken. Ich ermutige Sie, neugierig zu bleiben und regelmäßig die Grenzen dessen zu erweitern, was Sie mit Copilot erreichen können.

Ein wichtiger Aspekt, den ich in meiner Beratungstätigkeit immer wieder betone, ist die Notwendigkeit einer strategischen Herangehensweise. Die bloße Verfügbarkeit von Copilot garantiert noch keine Produktivitätssteigerung. Erst wenn Sie klare Ziele definieren und Copilot gezielt zur Lösung spezifischer Herausforderungen einsetzen, werden Sie den vollen Nutzen erfahren.

In einem Projekt mit einem Finanzdienstleister haben wir zunächst eine umfassende Analyse der bestehenden Workflows durchgeführt, um zu identifizieren, wo der Einsatz von Copilot den größten Mehrwert bieten würde. Dieser strukturierte Ansatz führte zu einer messbaren Zeitersparnis von 15 Stunden pro Mitarbeiter und Monat – Zeit, die nun für wertschöpfende Tätigkeiten wie Kundenberatung und Produktentwicklung zur Verfügung steht.

Dieses Buch folgt einem ähnlichen strukturierten Ansatz. Wir werden nicht nur die technischen Aspekte von Copilot erkunden, sondern auch strategische Überlegungen anstellen, wie Sie diese Technologie optimal in Ihren individuellen Arbeitskontext integrieren können.

Ein Aspekt, der mir besonders am Herzen liegt, ist die ethische und verantwortungsvolle Nutzung von KI. Als deutsche Fach- und

Führungskräfte haben wir eine besondere Verantwortung, den Einsatz neuer Technologien nicht nur effizient, sondern auch reflektiert zu gestalten. Datenschutz, Transparenz und die Frage, für welche Aufgaben KI angemessen ist und für welche nicht, werden daher immer wieder Thema sein.

Letztendlich geht es bei der Integration von Copilot in Ihren Arbeitsalltag um mehr als nur Effizienzsteigerung. Es geht darum, wie wir in einer zunehmend digitalisierten Welt arbeiten wollen und wie wir Technologie nutzen können, um nicht nur produktiver, sondern auch zufriedener in unserem Berufsleben zu sein.

Ich lade Sie ein, mit mir diese spannende Reise anzutreten. Lassen Sie uns gemeinsam entdecken, wie Microsoft 365 Copilot Ihre Arbeit transformieren kann. Mein Ziel ist es, dass Sie nach der Lektüre dieses Buches nicht nur über das notwendige Wissen verfügen, um Copilot effektiv einzusetzen, sondern auch die Zuversicht haben, die Zukunft der Arbeit aktiv mitzugestalten.

Die folgenden Kapitel sind praxisnah gestaltet und bieten Ihnen konkrete Handlungsempfehlungen, die Sie unmittelbar umsetzen können. Ich habe bewusst darauf geachtet, sowohl Einsteigern als auch fortgeschrittenen Anwendern wertvolle Impulse zu geben. Tauchen Sie ein in die Welt von Microsoft 365 Copilot und lassen Sie sich inspirieren!

DIE KI-WELLE VERSTEHEN: IHRE AKTUELLE ARBEITSSITUATION NEU BEWERTEN

DIE AUFKOMMENDE UNSICHERHEIT BEZÜGLICH KI AM ARBEITSPLATZ ERKENNEN

Vor etwa einem Jahr stand ich in einem Konferenzraum eines deutschen Automobilzulieferers. Das Management hatte mich eingeladen, über Microsoft 365 Copilot zu sprechen. Während meiner Präsentation bemerkte ich die unterschiedlichen Reaktionen im Raum: Begeisterung, Neugier, aber auch Skepsis und unverkennbare Besorgnis. Eine Teamleiterin meldete sich schließlich zu Wort: "Das klingt alles vielversprechend, aber wird Copilot nicht einen großen Teil meiner täglichen Arbeit übernehmen? Was bleibt dann für mich?"

Diese Frage höre ich immer wieder. Sie spiegelt eine tiefgreifende Unsicherheit wider, die viele Fachkräfte in Deutschland angesichts der KI-Revolution empfinden. Die Geschwindigkeit, mit der KI-Technologien wie Copilot in unsere Arbeitswelt einziehen, ist beispiellos. Was früher nach Science-Fiction klang, ist heute alltägliche Realität. Diese rapide Entwicklung löst verständlicherweise Unbehagen aus.

In meiner Beratungstätigkeit begegne ich täglich Menschen, die sich fragen, ob KI ihre Arbeitsplätze bedroht, ihre Fähigkeiten entwertet oder ihre hart erarbeitete Expertise überflüssig macht. Diese Ängste sind real und verdienen unsere Aufmerksamkeit. Gleichzeitig beobachte ich, dass viele dieser Befürchtungen auf Missverständnissen oder unvollständigen Informationen beruhen.

Zunächst ist es wichtig zu erkennen, dass Sie mit diesen Gefühlen nicht allein sind. Die Unsicherheit gegenüber KI zieht sich durch alle Hierarchieebenen und Altersgruppen. Ich habe erlebt, wie erfahrene Führungskräfte, junge Berufseinsteiger und Spezialisten mit jahrzehntelanger Erfahrung ähnliche Bedenken äußern. Es handelt sich um ein kollektives Phänomen, das Teil jeder technologischen Revolution ist.

Wie erkennen Sie diese Unsicherheit bei sich selbst oder in Ihrem Team? Achten Sie auf diese typischen Anzeichen:

- **Vermeidungsverhalten**: Das konsequente Umgehen neuer KI-Tools oder das Verschieben von Schulungen zu diesen Themen.
- **Übermäßige Skepsis**: Die sofortige Ablehnung von KI-generierten Ergebnissen ohne sachliche Prüfung.
- **Katastrophisierung**: Die Tendenz, worst-case Szenarien bezüglich der KI-Auswirkungen auf die eigene Karriere zu entwickeln.
- **Perfektionismusfallen**: Die Erwartung, dass KI-Tools entweder fehlerfrei arbeiten oder wertlos sind.
- **Kompetenzverlustängste**: Die Befürchtung, dass eigene Fähigkeiten durch Automatisierung entwertet werden.

Ein Abteilungsleiter in einem Münchner Versicherungsunternehmen gestand mir: "Ich habe absichtlich keine Copilot-Lizenz beantragt, obwohl unser Unternehmen sie anbietet. Ich befürchte, wenn ich anfange, diese Technologie zu nutzen, werden meine Mitarbeiter denken, dass ich meine Kernaufgaben delegiere." Diese Aussage illustriert perfekt die innere Zerrissenheit, die viele Fach- und Führungskräfte empfinden.

Bei näherer Betrachtung stellen wir fest, dass die Unsicherheit gegenüber KI aus verschiedenen Quellen stammt. Zum einen gibt es legitime berufliche Bedenken: Wie wird sich meine Rolle verändern? Werde ich neue Fähigkeiten erlernen müssen? Wird mein Fachwissen noch geschätzt? Zum anderen existieren oft diffuse emotionale Ängste: Verliere ich die Kontrolle? Werde ich überflüssig? Kann ich mit jüngeren, technikaffineren Kollegen mithalten?

Meine Erfahrung zeigt, dass Unsicherheit am stärksten dort auftritt, wo Wissen fehlt. Viele Fachkräfte haben ein unzureichendes Verständnis davon, was KI-Tools wie Copilot tatsächlich können und was nicht. Dies führt zu verzerrten Vorstellungen über deren Potenzial und Grenzen.

Eine technische Redakteurin eines Pharmaunternehmens erzählte mir von ihrer Angst, dass Copilot ihren Job komplett automatisieren könnte. Nach einem Workshop, in dem wir die tatsächlichen Fähigkeiten und Einschränkungen von Copilot erkundeten, erkannte sie: "Jetzt verstehe ich, dass Copilot zwar Textentwürfe erstellen kann, aber mein Fachwissen, meine Urteilsfähigkeit und mein Verständnis für regulatorische Anforderungen nicht ersetzen kann. Es ist ein Werkzeug, kein Ersatz."

Diese Erkenntnis markiert den ersten Schritt zur Überwindung der Unsicherheit: das Erlangen eines realistischen Verständnisses der Technologie. Sobald wir die tatsächlichen Fähigkeiten und Grenzen von KI-Tools wie Copilot verstehen, können wir beginnen, sie als Erweiterung unserer eigenen Fähigkeiten zu betrachten, nicht als Ersatz.

Ein wichtiger Aspekt bei der Betrachtung von Unsicherheiten ist die Unterscheidung zwischen allgemeinen Befürchtungen und spezifischen deutschen Kontextfaktoren. In Deutschland beobachte ich besondere Bedenken hinsichtlich Datenschutz, IT-Sicherheit und betrieblicher Mitbestimmung. Ein Betriebsratsvorsitzender eines mittelständischen Maschinenbauunternehmens formulierte es so: "Wir sind nicht grundsätzlich gegen neue Technologien, aber wir müssen sicherstellen, dass der Einsatz von KI im Einklang mit unseren Werten und rechtlichen Rahmenbedingungen steht."

Um Ihre persönliche Situation besser einschätzen zu können, möchte ich Ihnen einige Reflexionsfragen anbieten:

- Welche konkreten Aspekte Ihrer täglichen Arbeit erscheinen Ihnen durch KI-Tools wie Copilot bedroht?
- Welche Teile Ihrer Arbeit erfordern einzigartig menschliche Qualitäten wie Empathie, ethisches Urteilsvermögen oder kreatives Denken?
- Welche sich wiederholenden Aufgaben in Ihrem Arbeitsalltag würden Sie gerne automatisieren oder delegieren können?
- Wie haben Sie in der Vergangenheit auf technologische Veränderungen reagiert?
- Was würde Ihnen helfen, sich sicherer im Umgang mit KI-Technologien zu fühlen?

Die Beantwortung dieser Fragen kann Ihnen helfen, Ihre eigene Position gegenüber der KI-Revolution klarer zu definieren und einen individuellen Weg zum konstruktiven Umgang mit der Technologie zu finden.

In einem Workshop mit einem Team von Finanzanalysten kam die Frage auf, ob KI nicht viele analytische Aufgaben übernehmen und damit Arbeitsplätze gefährden würde. Nach einer offenen Diskussion erkannte das Team, dass die größte Bedrohung nicht von der KI selbst ausging, sondern von der eigenen Weigerung, sich anzupassen. Ein Teilnehmer brachte es auf den Punkt: "Die wahre Gefahr besteht darin, dass andere unsere Technologie nutzen werden, um effizienter zu werden, während wir zurückbleiben."

Diese Einsicht ist wertvoll. In den meisten Fällen liegt die größte Bedrohung nicht in der Technologie selbst, sondern in unserer Reaktion darauf. Wer sich der Veränderung verweigert, riskiert tatsächlich, überflüssig zu werden. Wer hingegen proaktiv die neuen Möglichkeiten erkundet, kann seine Position stärken und neue Chancen entdecken.

Ich erlebe oft, dass die anfängliche Unsicherheit einer vorsichtigen Neugier weicht, sobald Menschen erste positive Erfahrungen mit Copilot machen. Eine Projektmanagerin berichtete mir nach einem

Monat Copilot-Nutzung: "Ich habe festgestellt, dass ich nun mehr Zeit für die komplexen Aspekte meiner Arbeit habe, weil Copilot mir bei Routineaufgaben hilft. Das hat meine Perspektive völlig verändert."

Wenn Sie sich Ihrer eigenen Unsicherheit stellen, haben Sie bereits den ersten wichtigen Schritt getan. Im weiteren Verlauf dieses Buches werden wir gemeinsam erkunden, wie Sie Copilot verstehen, einsetzen und meistern können, um die Kontrolle über Ihre berufliche Zukunft zu behalten und zu stärken.

Die Veränderung durch KI ist unaufhaltsam. Die Art und Weise, wie wir darauf reagieren, liegt jedoch in unserer Hand. Anstatt uns von diffusen Ängsten lähmen zu lassen, können wir die Unsicherheit als Ausgangspunkt für persönliches Wachstum und berufliche Weiterentwicklung nutzen. In diesem Sinne ist das Erkennen Ihrer Unsicherheit nicht ein Zeichen von Schwäche, sondern der Beginn einer transformativen Reise.

DIE NOTWENDIGKEIT DER ANPASSUNG AN DIE DIGITALE TRANSFORMATION AKZEPTIEREN

Vor einigen Monaten traf ich den Geschäftsführer eines mittelständischen Unternehmens aus dem Maschinenbau. Mit sichtlicher Frustration teilte er mir mit: "Ich habe jahrzehntelang erfolgreich ohne KI gearbeitet. Warum sollte ich jetzt alles ändern?" Diese Reaktion spiegelt eine tiefverwurzelte menschliche Neigung wider: Wir halten an bewährten Methoden fest, selbst wenn sich die Welt um uns herum dramatisch verändert.

Die digitale Transformation mit KI als treibender Kraft ist keine vorübergehende Modeerscheinung oder ein optionales Upgrade. Sie repräsentiert eine fundamentale Verschiebung in der Art und Weise, wie wir arbeiten, kommunizieren und Wert schaffen. Der erste Schritt zur erfolgreichen Nutzung von Microsoft 365 Copilot besteht darin, diese Realität zu akzeptieren.

In meiner Beratungspraxis beobachte ich verschiedene Reaktionsmuster auf diese Veränderung. Manche Klienten sehen die Notwendigkeit sofort und handeln proaktiv. Andere erkennen zwar theoretisch die Bedeutung, zögern aber bei der praktischen Umsetzung. Eine dritte Gruppe verharrt in aktiver Verweigerung, oft aus tiefsitzenden Überzeugungen oder Ängsten heraus.

Die Akzeptanz einer Veränderung durchläuft typischerweise mehrere Phasen. Nach meiner Erfahrung sind dies bei der Anpassung an die KI-Revolution:

- **Konfrontation mit der Realität**: Das Erkennen, dass KI nicht mehr nur Zukunftsmusik ist, sondern bereits Ihre Branche und Ihren Arbeitsplatz beeinflusst
- **Verständnis der Unvermeidbarkeit**: Die Einsicht, dass die KI-getriebene Transformation unaufhaltsam voranschreitet
- **Abwägung der Konsequenzen**: Die Analyse, welche Folgen eine Anpassung oder Nichtanpassung für Ihre berufliche Zukunft haben könnte
- **Emotionale Verarbeitung**: Die Bewältigung von Gefühlen wie Unsicherheit, Stress oder Widerstand
- **Praktische Akzeptanz**: Die Bereitschaft, konkrete Schritte zur Integration von KI in Ihren Arbeitsalltag zu unternehmen

Eine Produktmanagerin aus der Pharmaindustrie beschrieb mir ihren Weg durch diese Phasen: "Anfangs hielt ich Copilot für irrelevant für meine Arbeit. Nach einem Gespräch mit einer Kollegin aus einer anderen Abteilung wurde mir klar, dass ich den Anschluss verlieren würde, wenn ich mich nicht damit beschäftige. Es war keine leichte Entscheidung, aber heute kann ich mir meine Arbeit ohne KI-Unterstützung nicht mehr vorstellen."

Die Frage ist nicht, ob KI Ihre Arbeitswelt verändern wird, sondern wie schnell und in welchem Umfang. Laut einer aktuellen Studie werden bis 2026 mehr als 75% aller Unternehmen KI-Technologien in ihre Geschäftsprozesse integriert haben. Wer sich dieser Entwicklung verweigert, riskiert nicht nur einen Produktivitätsnachteil, sondern langfristig auch seine berufliche Relevanz.

Besonders in Deutschland beobachte ich eine gewisse Zurückhaltung gegenüber neuen Technologien. Diese basiert oft auf berechtigten Bedenken hinsichtlich Datenschutz, Sicherheit und Qualitätssicherung. Der kulturelle Wert der gründlichen Analyse und vorsichtigen Implementation ist eine Stärke. Gleichzeitig darf diese Vorsicht nicht zur Innovationsbremse werden.

Ein Abteilungsleiter in einem Versicherungsunternehmen formulierte es treffend: "Wir Deutsche neigen dazu, erst alle potenziellen Probleme lösen zu wollen, bevor wir etwas Neues ausprobieren. Bei der Geschwindigkeit der KI-Entwicklung können wir uns diesen Luxus nicht mehr leisten. Wir müssen lernen, auch mit unvollkommenen Lösungen zu starten und diese kontinuierlich zu verbessern."

Um die Akzeptanz der digitalen Transformation zu fördern, helfen diese bewährten Strategien:

- **Konkrete Vorteile identifizieren**: Welche spezifischen Probleme oder Herausforderungen in Ihrem Arbeitsalltag könnte Copilot lösen?
- **Persönlichen Nutzen erkennen**: Wie könnte die Zeitersparnis durch Copilot Ihre Arbeitszufriedenheit und Work-Life-Balance verbessern?
- **Kleinstmögliche Schritte definieren**: Was wäre der einfachste erste Schritt, um Copilot in Ihrem Alltag auszuprobieren?

- **Vorbilder suchen**: Gibt es Kollegen oder Branchenkontakte, die bereits erfolgreich mit KI-Tools arbeiten?
- **Lernbereitschaft kultivieren**: Wie können Sie eine Haltung der Neugier und des lebenslangen Lernens fördern?

Die Akzeptanz der Veränderung beginnt oft mit einer ehrlichen Bestandsaufnahme. Fragen Sie sich: Welche Teile meiner Arbeit könnten durch KI effizienter werden? Welche Aufgaben erledige ich ungern, weil sie repetitiv oder zeitraubend sind? Genau hier liegt das größte Potenzial für den Einsatz von Copilot.

Ein Controller aus der Automobilbranche entdeckte nach anfänglicher Skepsis, dass Copilot ihn bei der Erstellung standardisierter Monatsberichte unterstützen konnte. Was zuvor einen vollen Arbeitstag in Anspruch nahm, erledigte er nun in wenigen Stunden. "Die gewonnene Zeit investiere ich jetzt in tiefergehende Analysen und strategische Empfehlungen, die tatsächlich einen Mehrwert für das Unternehmen schaffen," berichtete er mir.

Die Herausforderung besteht oft darin, zwischen dem Festhalten an bewährten Methoden und der Offenheit für Neues die richtige Balance zu finden. Es geht nicht darum, alles über Bord zu werfen, was gut funktioniert. Vielmehr gilt es, kritisch zu prüfen, welche Prozesse und Arbeitsweisen durch KI-Unterstützung verbessert werden könnten.

Meine Erfahrung zeigt: Die erfolgreiche Anpassung an die digitale Transformation beginnt mit einer bewussten Entscheidung. Der Geschäftsführer eines mittelständischen E-Commerce-Unternehmens drückte es so aus: "Ich hatte die Wahl: entweder mit der Technologie gehen oder von ihr überholt werden. Als ich diese Entscheidung einmal getroffen hatte, fühlte ich mich befreit und konnte mich auf die Chancen konzentrieren, statt mich von den Risiken lähmen zu lassen."

Die Akzeptanz der Notwendigkeit zur Anpassung bedeutet nicht, kritiklos jedem technologischen Trend zu folgen. Im Gegenteil: Eine fundierte, reflektierte Herangehensweise ist entscheidend. Stellen Sie sich diese Leitfragen:

- **Wo stehen Sie aktuell** in Bezug auf die digitale Transformation in Ihrem Arbeitsumfeld?
- **Welche Veränderungen** haben Sie bereits in Ihrer Branche durch KI beobachtet?
- **Welche Fähigkeiten und Kompetenzen** werden in Zukunft wichtiger werden?
- **Welche Rolle möchten Sie persönlich** in dieser veränderten Arbeitswelt spielen?
- **Welche konkreten Schritte** können Sie in den nächsten Wochen unternehmen?

Bei einem Workshop mit dem Führungsteam eines mittelständischen Dienstleisters erarbeiteten wir ein persönliches "Transformationscockpit". Jede Führungskraft identifizierte konkrete Aufgabenbereiche, in denen sie den Einsatz von Copilot testen wollte, definierte Erfolgskriterien und legte einen Zeitplan fest. Diese Vorgehensweise schaffte Klarheit und Verbindlichkeit.

Die menschliche Neigung zum Aufschieben wichtiger Veränderungen ist verständlich, kann aber kostspielig sein. Ein Projektmanager, mit dem ich zusammenarbeitete, gestand: "Ich wusste seit Monaten, dass ich mich mit Copilot beschäftigen sollte, schob es aber immer wieder auf. Als dann ein jüngerer Kollege mit Copilot-Unterstützung in einem Bruchteil der Zeit eine Präsentation erstellte, für die ich normalerweise Tage brauche, war das mein Weckruf."

Akzeptanz bedeutet nicht, die Augen vor möglichen Herausforderungen zu verschließen. Der Einsatz von KI-Tools wie Copilot bringt legitime Fragen mit sich: Wie sicher sind meine Daten? Wie verändert sich meine Rolle? Wie stelle ich sicher, dass die Ergebnisse qualitativ hochwertig sind? Diese Fragen verdienen fundierte Antworten, sollten aber nicht als Vorwand dienen, sich der Veränderung komplett zu verweigern.

Die digitale Transformation mit KI erfordert auch eine Neubewertung unserer beruflichen Identität. Eine Wirtschaftsprüferin reflektierte: "Früher definierte ich mich über meine Fähigkeit, schnell große Datenmengen zu analysieren. Jetzt verstehe ich meine Rolle anders: Ich bin diejenige, die die richtigen Fragen stellt, die Ergebnisse interpretiert und daraus strategische Empfehlungen ableitet. Diese Neuausrichtung war zunächst unbequem, fühlt sich jetzt aber viel erfüllender an."

Die Akzeptanz der Notwendigkeit zur Anpassung ist letztlich eine persönliche Entscheidung, die niemand Ihnen abnehmen kann. Sie können sie verzögern oder aktiv gestalten. Meine Erfahrung mit Hunderten von Fach- und Führungskräften zeigt: Diejenigen, die den Schritt proaktiv gehen, gewinnen nicht nur beruflich, sondern erleben auch ein neues Gefühl der Selbstwirksamkeit und des Wachstums.

Die Entscheidung liegt bei Ihnen: Wollen Sie reagieren, wenn die Veränderung Sie einholt, oder gestalten, indem Sie sie antizipieren? Die Investition in das Verständnis und die Anwendung von Microsoft 365 Copilot ist ein konkreter, praktikabler Schritt auf dem Weg der digitalen Transformation, der unmittelbare Vorteile bietet und Sie gleichzeitig für die Arbeitswelt von morgen rüstet.

Copilot als Chance begreifen: Den Weg zur Transformation ebnen

Das Potenzial von Microsoft 365 Copilot für Ihre Produktivität entdecken

Die Morgensonne fiel durch die Fenster des Konferenzraums, als ich eine Gruppe von Führungskräften eines mittelständischen Unternehmens aus dem Rheinland traf. Ihre Augen verrieten eine Mischung aus Neugier und Skepsis. "Herr Neumann," begann der Geschäftsführer, "wir hören ständig von den Wundern der KI, aber was bedeutet das konkret für uns? Können Sie uns zeigen, was Microsoft 365 Copilot tatsächlich in unserem Alltag verändern könnte?"

Diese Frage begegnet mir oft, und sie ist berechtigt. Jenseits des Hypes und der abstrakten Versprechungen wollen Praktiker wissen: Was ist der greifbare Nutzen dieser Technologie für meine tägliche Arbeit? Genau darum geht es in diesem Abschnitt – um die konkreten Produktivitätspotenziale, die Copilot für Sie erschließen kann.

Um das Potenzial von Copilot zu verstehen, müssen wir zunächst einen Blick auf unsere aktuelle Arbeitsrealität werfen. Eine typische Führungskraft in Deutschland verbringt laut Studien etwa 60% ihrer Zeit mit Kommunikation und Informationsverarbeitung. Das bedeutet konkret:

- Lesen und Beantworten von E-Mails
- Erstellen und Überarbeiten von Dokumenten
- Vorbereiten und Durchführen von Präsentationen
- Teilnahme an virtuellen und physischen Meetings
- Recherchieren von Informationen aus verschiedenen Quellen
- Analysieren von Daten und Erstellen von Berichten

Bei meiner Arbeit mit Klienten höre ich immer wieder denselben Schmerz: "Ich komme kaum noch zu meiner eigentlichen Arbeit, weil ich ständig mit diesen Tätigkeiten beschäftigt bin." Genau hier setzt Copilot an – als intelligenter Assistent, der viele dieser zeitraubenden Aufgaben verkürzen oder teilweise automatisieren kann.

Ein Abteilungsleiter aus einem Produktionsunternehmen schilderte mir seine Transformation: "Früher verbrachte ich stundenlang damit, Besprechungsprotokolle zu verfassen. Jetzt lasse ich Copilot während des Meetings mitlaufen und erhalte im Anschluss automatisch eine strukturierte Zusammenfassung mit allen Aktionspunkten. Was früher zwei Stunden dauerte, erledige ich jetzt in 15 Minuten."

Das Produktivitätspotenzial von Copilot erstreckt sich über vier zentrale Dimensionen:

1. **Zeitersparnis durch Automatisierung**: Copilot übernimmt wiederkehrende Aufgaben wie das Zusammenfassen von Dokumenten, das Erstellen von E-Mail-Entwürfen oder das Formatieren von Präsentationen.

2. **Qualitätsverbesserung durch KI-Unterstützung**: Die KI hilft Ihnen, professionellere Texte zu verfassen, ansprechendere Präsentationen zu gestalten und fundiertere Entscheidungen zu treffen.

3. **Kognitive Entlastung durch Informationsaufbereitung**: Copilot filtert, strukturiert und priorisiert Informationen, sodass Sie sich auf das Wesentliche konzentrieren können.

4. **Kreative Impulse durch KI-generierte Vorschläge**: Der KI-Assistent liefert neue Perspektiven, Ideen und Lösungsansätze, die Ihre eigene Kreativität beflügeln.

Die Stärke von Copilot liegt insbesondere darin, dass er direkt in die Microsoft 365-Anwendungen integriert ist, die Sie bereits täglich nutzen. Dies bedeutet: keine zusätzlichen Logins, keine Wechsel zwischen verschiedenen Plattformen, keine Einarbeitung in völlig neue Systeme.

Eine Teamleiterin aus der Finanzbranche drückte es so aus: "Der Unterschied zu anderen KI-Tools, die ich ausprobiert habe, ist, dass Copilot genau dort ist, wo ich arbeite. Ich muss nicht zwischen verschiedenen Anwendungen wechseln, sondern kann die KI-Unterstützung direkt in Word, Excel oder PowerPoint abrufen."

Was bedeutet dies nun konkret für Ihre tägliche Arbeit? Lassen Sie mich einige praktische Beispiele aufzeigen:

- **In Microsoft Outlook**: Copilot kann E-Mails zusammenfassen, Antworten vorschlagen, Tonfall und Länge von Nachrichten anpassen und wichtige Informationen aus langen E-Mail-Verläufen extrahieren.

- **In Microsoft Word**: Der KI-Assistent hilft beim Verfassen, Überarbeiten und Formatieren von Dokumenten, kann Texte zusammenfassen oder erweitern und liefert Vorschläge zur Verbesserung von Stil und Klarheit.

- **In Microsoft PowerPoint**: Copilot unterstützt bei der Erstellung von Präsentationen, generiert Folienvorschläge basierend auf Ihren Inhalten, verbessert das Design und hilft bei der Vorbereitung von Sprechnotizen.

- **In Microsoft Excel**: Die KI hilft bei der Datenanalyse, erstellt Formeln, identifiziert Trends und visualisiert Daten in aussagekräftigen Diagrammen.

- **In Microsoft Teams**: Copilot fasst Meetings zusammen, extrahiert Aktionspunkte, hilft bei der Terminplanung und unterstützt bei der Moderation von Besprechungen.

Eine Projektmanagerin aus der Automobilbranche berichtete mir: "Ich habe mit Copilot in PowerPoint eine Präsentation erstellt, die normalerweise einen vollen Tag in Anspruch genommen hätte. Mit der KI-Unterstützung war ich in zwei Stunden fertig und das Ergebnis war deutlich besser als meine früheren Präsentationen."

Die Effizienzsteigerung durch Copilot ist nicht nur eine theoretische Möglichkeit. In meinen Projekten haben wir konkrete Zeiteinsparungen gemessen:

- Reduzierung der E-Mail-Bearbeitungszeit um durchschnittlich 30%
- Beschleunigung der Dokumentenerstellung um 40-60%
- Verkürzung der Meeting-Nachbereitung um bis zu 75%
- Zeitersparnis bei der Datenanalyse von 25-45%

Diese Zahlen mögen beeindruckend klingen, aber noch wichtiger ist, was Sie mit der gewonnenen Zeit anfangen können. Die meisten meiner Klienten berichten, dass sie die freigewordenen Kapazitäten für strategische Aufgaben, kreative Projekte oder den persönlichen Austausch mit Kollegen und Kunden nutzen.

Ein Finanzchef eines mittelständischen Unternehmens formulierte es so: "Copilot hat mir nicht nur Zeit geschenkt, sondern auch mentale Kapazität. Ich kann mich jetzt auf die wirklich wichtigen Entscheidungen konzentrieren, statt mich in Details zu verlieren."

Neben der reinen Zeitersparnis beobachte ich bei meinen Klienten noch einen weiteren wertvollen Effekt: Copilot fungiert als Lernpartner und Coach, der kontinuierlich zur Verbesserung der eigenen Fähigkeiten beiträgt. Durch die Zusammenarbeit mit dem KI-Assistenten entwickeln viele Nutzer ein besseres Verständnis für effektive Kommunikation, datengestützte Entscheidungsfindung und strukturiertes Denken.

Eine häufige Sorge, die mir begegnet, ist die Frage nach der Qualität der KI-generierten Inhalte. Meine Erfahrung zeigt: Copilot liefert in vielen Fällen erstaunlich gute Ergebnisse, doch die wahre

Stärke liegt in der Kombination aus menschlicher Expertise und KI-Unterstützung.

Eine Marketingleiterin beschrieb ihre Erfahrung: "Die von Copilot erstellten Textentwürfe sind oft überraschend gut, aber es ist meine fachliche Expertise, die sie wirklich wertvoll macht. Ich nutze die Vorschläge als Ausgangspunkt und passe sie dann an unsere spezifischen Bedürfnisse an."

Diese Perspektive ist entscheidend: Copilot ist kein Ersatz für Ihre Fachkenntnisse, sondern ein Werkzeug, das Ihre Fähigkeiten verstärkt und Ihnen hilft, Ihr volles Potenzial auszuschöpfen. Die Kombination aus Ihrem Fachwissen und der KI-Unterstützung schafft eine Synergie, die weit über die Summe der Einzelteile hinausgeht.

Um das Potenzial von Copilot für Ihre Produktivität zu erschließen, empfehle ich diesen strategischen Ansatz:

1. **Identifizieren Sie Ihre "Zeitfresser"**: Analysieren Sie, welche wiederkehrenden Aufgaben in Ihrem Arbeitsalltag besonders viel Zeit in Anspruch nehmen. Genau hier kann Copilot den größten Mehrwert bieten.

2. **Starten Sie mit einfachen Anwendungsfällen**: Beginnen Sie mit überschaubaren Aufgaben wie dem Zusammenfassen von Dokumenten oder dem Erstellen einfacher E-Mail-Antworten, um ein Gefühl für die Funktionsweise zu bekommen.

3. **Erweitern Sie schrittweise Ihr Repertoire**: Sobald Sie sich mit den Grundfunktionen vertraut gemacht haben, experimentieren Sie mit komplexeren Anwendungsfällen wie der Datenanalyse oder dem kreativen Brainstorming.

4. **Reflektieren und optimieren Sie Ihren Einsatz**: Beobachten Sie, welche Arten von Aufgaben Copilot besonders gut bewältigt und wo Sie noch selbst Hand

anlegen müssen. Passen Sie Ihre Arbeitsweise entsprechend an.

Ein Personalleiter, mit dem ich zusammengearbeitet habe, schilderte seinen Weg: "Ich habe mit einfachen Zusammenfassungen begonnen und bin jetzt so weit, dass ich mit Copilot komplexe Personalkonzepte entwickle und Bewerbungsunterlagen analysiere. Der Schlüssel war, schrittweise vorzugehen und kontinuierlich zu lernen."

Betrachten Sie die Entdeckung des Copilot-Potenzials als eine Reise, nicht als einmaliges Ereignis. Mit jedem Einsatz werden Sie neue Möglichkeiten entdecken und Ihre Arbeitsweise weiter optimieren. Die Produktivitätsgewinne wachsen mit Ihrer Erfahrung und Ihrem Verständnis für die Technologie.

Der Weg zur Transformation Ihrer Arbeitsweise mit Copilot beginnt mit der Erkenntnis, dass diese Technologie kein Luxus, sondern eine Notwendigkeit in der modernen Arbeitswelt ist. Wer die Potenziale früh erkennt und nutzt, sichert sich einen entscheidenden Vorsprung im beruflichen Kontext.

EINE PROAKTIVE HALTUNG GEGENÜBER KI-GESTÜTZTER ARBEIT ENTWICKELN

"Ich kann das nicht, dafür bin ich zu alt." Diese Worte hörte ich kürzlich von einem erfahrenen Abteilungsleiter in einem traditionsreichen deutschen Industrieunternehmen. Solche Aussagen begegnen mir häufig in meiner Beratungstätigkeit. Sie spiegeln eine fundamentale Herausforderung wider: Die größte Hürde bei der Nutzung von Microsoft 365 Copilot ist nicht die Technologie selbst, sondern unsere Haltung ihr gegenüber.

Die Entwicklung einer proaktiven Einstellung gegenüber KI-gestützter Arbeit beginnt mit der Überwindung unserer mentalen Blockaden. In meinen Workshops erkenne ich immer wieder typische Denkmuster, die Menschen davon abhalten, das volle Potenzial von Copilot zu erschließen. Erkennen Sie sich in einer dieser Haltungen wieder?

- **Der Perfektionist**: "Wenn Copilot nicht zu 100% perfekte Ergebnisse liefert, ist es nutzlos."
- **Der Traditionalist**: "Ich habe meine Arbeit schon immer auf diese Weise erledigt, warum sollte ich jetzt etwas ändern?"
- **Der Kontrollverlierer**: "Wenn ich KI-Tools nutze, verliere ich die Kontrolle über meine Arbeit."
- **Der Überwältigte**: "Es gibt so viele neue Technologien, ich kann nicht noch eine weitere lernen."
- **Der Pessimist**: "KI wird meinen Job überflüssig machen, warum sollte ich zu meiner eigenen Ersetzung beitragen?"

Diese Denkmuster sind menschlich und verständlich. Sie zu erkennen ist der erste Schritt zur Veränderung. Eine Personalreferentin aus dem Gesundheitssektor teilte mir nach einem Workshop mit: "Als ich erkannte, dass meine Abwehrhaltung aus Angst vor Kontrollverlust stammte, konnte ich diese bewusst hinterfragen und Schritt für Schritt überwinden."

Die Entwicklung einer proaktiven Haltung bedeutet nicht, blind technikgläubig zu werden. Im Gegenteil: Es geht darum, eine reflektierte, selbstbestimmte Beziehung zu KI-Tools wie Copilot aufzubauen. Meine Erfahrung zeigt, dass Menschen, die diese proaktive Haltung entwickeln, folgende Merkmale teilen:

- **Neugier**: Sie sind offen für Neues und bereit zu experimentieren.
- **Lernbereitschaft**: Sie sehen in Fehlern und Rückschlägen Lernchancen.
- **Selbstwirksamkeit**: Sie glauben an ihre Fähigkeit, neue Technologien meistern zu können.
- **Pragmatismus**: Sie suchen nach konkretem Nutzen ohne übertriebene Erwartungen.

- **Gelassenheit**: Sie akzeptieren, dass der Lernprozess Zeit benötigt und selten linear verläuft.

Diese Eigenschaften sind nicht angeboren, sondern können bewusst kultiviert werden. Ein Finanzcontroller eines mittelständischen Unternehmens beschrieb seinen Weg zu einer proaktiven Haltung so: "Ich habe mir erlaubt, wieder Anfänger zu sein. Diese Erlaubnis hat meine Angst reduziert und meine Neugier geweckt."

Wie können Sie konkret eine proaktive Haltung gegenüber KI-gestützter Arbeit entwickeln? In meiner Beratungspraxis haben sich diese Strategien bewährt:

1. **Micro-Commitments eingehen**: Beginnen Sie mit kleinen, überschaubaren Experimenten mit Copilot, die nur wenige Minuten dauern. Beispiel: Lassen Sie sich eine E-Mail zusammenfassen oder einen Textentwurf erstellen.

2. **Erfolge dokumentieren**: Halten Sie fest, welche Zeit Sie durch den Einsatz von Copilot sparen und welche Qualitätsverbesserungen Sie erzielen. Diese sichtbaren Erfolge motivieren zum Weitermachen.

3. **Lerngemeinschaften bilden**: Tauschen Sie sich mit Kollegen über Ihre Erfahrungen aus. Gemeinsames Lernen reduziert Unsicherheiten und schafft positive Dynamik.

4. **Den eigenen Dialog beobachten**: Achten Sie auf Ihre inneren Monologe über KI. Ersetzen Sie negative Gedanken ("Das ist zu kompliziert") durch konstruktivere ("Ich lerne Schritt für Schritt").

5. **Die 80/20-Regel anwenden**: Akzeptieren Sie, dass 80% Perfektion oft ausreichen. Copilot muss nicht perfekt sein, um wertvollen Nutzen zu bringen.

Ein Projektmanager aus der Automobilbranche berichtete mir von seiner persönlichen Transformation: "Früher wartete ich auf den perfekten Moment oder die perfekte Lösung. Jetzt probiere ich einfach aus und lerne unterwegs. Diese Haltungsänderung hat nicht nur meinen Umgang mit Copilot verändert, sondern meine gesamte Arbeitsweise."

Die proaktive Haltung gegenüber KI-gestützter Arbeit beinhaltet auch die Fähigkeit, das richtige Maß zwischen menschlicher Expertise und KI-Unterstützung zu finden. Ich spreche hier gerne vom "Augmented Professional", dem durch KI verstärkten Fachexperten. Dieser behält seine Kernkompetenzen bei, nutzt aber gezielt KI-Tools zur Verstärkung seiner Fähigkeiten.

Eine Rechtsanwältin beschrieb mir ihre Erfahrung: "Ich habe erkannt, dass Copilot meine juristische Expertise nicht ersetzt, sondern erweitert. Ich nutze das Tool für Recherchen und Routineaufgaben, konzentriere mich aber selbst auf die strategische Beratung und das Mandantengespräch. Diese Kombination macht mich stärker."

Die proaktive Haltung beinhaltet auch eine kritische Reflexion darüber, wann und wie Sie Copilot einsetzen. Nicht jede Aufgabe eignet sich für KI-Unterstützung. Entwickeln Sie ein Gespür dafür, welche Tätigkeiten Sie mit Copilot beschleunigen können und welche weiterhin Ihre volle menschliche Aufmerksamkeit erfordern.

In meinen Workshops nutze ich oft diese Entscheidungsmatrix, um den geeigneten Einsatz von Copilot zu bestimmen:

- **Hohe Wiederholung, niedrige Kreativität**: Ideal für vollständige Copilot-Unterstützung (z.B. Standardberichte erstellen)
- **Hohe Wiederholung, hohe Kreativität**: Gut für teilweise Copilot-Unterstützung (z.B. kreative Inhalte basierend auf einem Standardformat)

- **Niedrige Wiederholung, niedrige Kreativität**: Selektive Copilot-Unterstützung sinnvoll (z.B. Formatierung spezieller Dokumente)
- **Niedrige Wiederholung, hohe Kreativität**: Zurückhaltender Copilot-Einsatz empfohlen (z.B. strategische Konzepte)

Ein Marketingleiter reflektierte nach der Anwendung dieser Matrix: "Ich hatte vorher keine klaren Kriterien, wann ich Copilot einsetzen sollte. Diese Struktur hat mir geholfen, bewusste Entscheidungen zu treffen und das Tool gezielter zu nutzen."

Die proaktive Haltung beinhaltet auch den ethischen Umgang mit KI. Stellen Sie sich folgende Fragen zur Reflexion:

- Für welche Aufgaben setze ich Copilot ein und warum?
- Wie transparent bin ich über die KI-Unterstützung meiner Arbeit?
- Wie stelle ich sicher, dass ich die Verantwortung für die Ergebnisse übernehme?
- Welche Grenzen setze ich bei der Nutzung von KI-Tools?

Diese Reflexionsfragen helfen Ihnen, einen bewussten und ethisch fundierten Ansatz für Ihre KI-gestützte Arbeit zu entwickeln. Eine Führungskraft aus dem öffentlichen Dienst teilte mir mit: "Durch die bewusste Auseinandersetzung mit den ethischen Aspekten konnte ich Copilot mit gutem Gewissen in meinen Arbeitsalltag integrieren und auch mein Team dabei unterstützen."

Die Entwicklung einer proaktiven Haltung bedeutet auch, sich als lebenslanger Lernender zu verstehen. KI-Technologien wie Copilot entwickeln sich ständig weiter. Wer heute stehen bleibt, wird morgen abgehängt sein. Ein Produktmanager drückte es so aus: "Ich habe begriffen, dass es nicht darum geht, einmal alles über Copilot zu lernen, sondern kontinuierlich am Ball zu bleiben und mitzuwachsen."

Diese Einsicht führt zu einer wichtigen Frage: Wie bleiben Sie auf dem Laufenden? Aus meiner Erfahrung haben sich diese Ansätze bewährt:

- Regelmäßige Zeit für Experimente mit neuen Funktionen reservieren
- Teilnahme an Anwendergemeinschaften oder Foren zum Erfahrungsaustausch
- Nutzung von Microsoft-Lernressourcen und Webinaren
- Etablierung einer persönlichen Lernroutine für KI-Tools

Die proaktive Haltung umfasst auch die Bereitschaft, andere auf ihrer Reise zu unterstützen. Ich ermutige meine Klienten, als "Copilot-Champions" in ihren Organisationen zu wirken. Eine Teamleiterin berichtete: "Nachdem ich meine eigenen Ängste überwunden hatte, konnte ich meinem Team helfen, ähnliche Hürden zu nehmen. Diese Rolle als Mentorin hat nicht nur das Team, sondern auch mein eigenes Verständnis weitergebracht."

Die Kraft der Vorbilder sollte nicht unterschätzt werden. Wenn Sie proaktiv mit Copilot arbeiten, inspirieren Sie andere, Ihrem Beispiel zu folgen. Ein IT-Leiter erzählte mir: "Als unser Geschäftsführer anfing, begeistert von seinen Copilot-Erfahrungen zu berichten, veränderte sich die Stimmung im gesamten Unternehmen. Plötzlich wollten alle mehr darüber erfahren."

Die Entwicklung einer proaktiven Haltung ist kein geradliniger Prozess. Rückschläge und Momente der Frustration gehören dazu. Eine Projektleiterin teilte ihre Erfahrung: "Nach anfänglicher Begeisterung kam ein Tiefpunkt, als Copilot bei einer wichtigen Präsentation nicht die erwarteten Ergebnisse lieferte. Ich musste lernen, realistische Erwartungen zu entwickeln und die Grenzen des Tools zu akzeptieren."

Diese Erfahrung unterstreicht einen wichtigen Punkt: Realistische Erwartungen sind ein zentraler Bestandteil einer proaktiven Haltung. Copilot ist ein mächtiges Werkzeug, aber kein

Wundermittel. Es wird Ihre Arbeit verbessern, aber nicht alle Probleme lösen.

In meiner Beratungspraxis beobachte ich oft eine spannende Entwicklung: Die anfängliche Motivation zur Nutzung von Copilot ist oft extern - Druck vom Arbeitgeber, Angst abgehängt zu werden, Neugier auf den neuesten Trend. Doch im Laufe der Zeit entwickelt sich bei vielen eine intrinsische Motivation, die aus den positiven Erfahrungen und der erlebten Arbeitserleichterung resultiert.

Ein Qualitätsmanager beschrieb diesen Wandel: "Am Anfang habe ich Copilot ausprobiert, weil alle darüber sprachen. Heute nutze ich es, weil es mir tatsächlich hilft, bessere Arbeit in kürzerer Zeit zu leisten. Diese Erfahrung war der Wendepunkt für meine Einstellung zur KI."

Die Entwicklung einer proaktiven Haltung gegenüber KI-gestützter Arbeit ist keine einmalige Aufgabe, sondern ein kontinuierlicher Prozess. Sie werden Ihre Einstellung immer wieder neu justieren müssen, wenn neue Funktionen hinzukommen oder sich Ihre Arbeitsanforderungen ändern.

Dieser Prozess wird Sie nicht nur im Umgang mit Copilot, sondern auch bei zukünftigen technologischen Veränderungen unterstützen. Die Fähigkeit, offen und proaktiv mit neuen Technologien umzugehen, wird in der sich schnell wandelnden Arbeitswelt zu einer Kernkompetenz.

1. DAS COPILOT-FUNDAMENT LEGEN: TECHNOLOGIE VERSTEHEN UND ERSTE HÜRDEN NEHMEN

Der Nebel um eine neue Technologie lichtet sich immer dann, wenn wir beginnen, sie zu verstehen und praktisch einzusetzen. Genau an diesem Punkt stehen Sie jetzt mit Microsoft 365 Copilot. In meiner zehnjährigen Beratungstätigkeit habe ich festgestellt, dass viele Nutzer vor dem ersten Schritt zurückschrecken, weil sie befürchten, etwas falsch zu machen oder die Komplexität nicht bewältigen zu können. Diese Sorge ist unbegründet, wie Sie bald feststellen werden.

Die Reise zur Beherrschung von Copilot beginnt mit dem Aufbau eines soliden Fundaments. Genauso wie ein Haus ohne stabiles Fundament bei jedem Sturm wackelt, wird Ihre Nutzung von Copilot ohne grundlegendes Verständnis ineffizient und frustrierend bleiben. Ich erinnere mich an einen Finanzvorstand, der Copilot zunächst als "überflüssiges Spielzeug" abtat, nur um später zuzugeben: "Hätte ich von Anfang an verstanden, wie es funktioniert, hätte ich mir monatelange Arbeit ersparen können."

In diesem Kapitel führe ich Sie durch die essentiellen Grundlagen von Microsoft 365 Copilot. Wir werden schrittweise ein Verständnis aufbauen, das Ihnen ermöglicht, dieses leistungsstarke Werkzeug effektiv einzusetzen. Mein Ziel ist nicht, Sie mit technischen Details zu überwältigen, sondern Ihnen das notwendige Wissen zu vermitteln, um Copilot souverän in Ihrem Arbeitsalltag zu nutzen.

Das Fundament, das wir gemeinsam legen werden, besteht aus zwei tragenden Säulen: Zum einen dem Verständnis der

Technologie und zum anderen der praktischen Vorbereitung Ihrer Arbeitsumgebung. Beide Aspekte sind gleichermaßen wichtig für Ihren Erfolg mit Copilot.

Die erste Säule unseres Fundaments betrifft das Verständnis von Copilot selbst. In meinen Workshops erlebe ich oft den "Aha-Moment", wenn Teilnehmer plötzlich begreifen, wie Copilot eigentlich arbeitet. Eine IT-Leiterin aus dem Gesundheitswesen beschrieb diesen Moment so: "Als ich verstand, dass Copilot nicht nur ein isoliertes Tool ist, sondern mit meinem gesamten Microsoft 365-Ökosystem interagiert, änderte sich meine gesamte Perspektive."

Ich werde Ihnen zeigen, wie Copilot mit den verschiedenen Microsoft 365-Anwendungen zusammenarbeitet, welche Daten er nutzt und wie er diese in wertvolle Informationen umwandelt. Sie werden lernen, welche Erwartungen an Copilot realistisch sind und wo seine Grenzen liegen. Dieses Wissen schützt Sie vor falschen Hoffnungen und ermöglicht Ihnen, das volle Potenzial auszuschöpfen.

Die zweite Säule unseres Fundaments widmet sich der praktischen Vorbereitung. Nichts ist frustrierender als ein leistungsstarkes Werkzeug, das man nicht nutzen kann, weil technische Voraussetzungen fehlen oder Einstellungen nicht korrekt vorgenommen wurden. Ein Projektleiter aus der Logistikbranche teilte mir seine Erfahrung mit: "Ich habe drei Wochen versucht, Copilot zu nutzen, bevor ich feststellte, dass unsere Lizenzierung nicht korrekt eingerichtet war. Diese verlorene Zeit hätte ich mir sparen können."

Um solche Frustrationserlebnisse zu vermeiden, führe ich Sie durch die notwendigen Schritte zur Vorbereitung Ihrer Microsoft 365-Umgebung. Wir klären Lizenzfragen, technische Voraussetzungen und optimale Einstellungen für Ihre Copilot-Nutzung. Dieser praktische Teil ist entscheidend, um einen reibungslosen Start zu gewährleisten.

Bei meiner Arbeit mit Klienten habe ich bestimmte wiederkehrende Hürden identifiziert, die den Einstieg in die Copilot-Nutzung erschweren. Diese lassen sich in folgende Kategorien einteilen:

- **Technische Hürden**: Lizenzierungsprobleme, fehlende Berechtigungen, unzureichende Systemvoraussetzungen
- **Wissenslücken**: Unkenntnis der Funktionsweise, unrealistische Erwartungen, Unsicherheit bei der Anwendung
- **Organisatorische Hindernisse**: unklare Nutzungsrichtlinien, fehlende Unterstützung, mangelnde Integration in bestehende Prozesse
- **Persönliche Blockaden**: Gewohnheiten, Ängste vor Fehlern, Widerstand gegen Veränderung

Indem wir diese Hürden bewusst adressieren, schaffen wir die Voraussetzungen für einen erfolgreichen Einstieg. Eine Marketingleiterin aus dem Einzelhandel berichtete: "Nachdem wir systematisch jede dieser Hürden analysiert und überwunden hatten, konnte mein Team Copilot innerhalb weniger Tage produktiv einsetzen."

Meine Erfahrung zeigt, dass viele Nutzer den Fehler begehen, direkt mit komplexen Anwendungsfällen zu starten, ohne die Grundlagen verstanden zu haben. Dies führt fast immer zu Enttäuschung und vorzeitiger Aufgabe. Stattdessen empfehle ich einen strukturierten Aufbau des Wissens, der mit einfachen Anwendungen beginnt und schrittweise komplexer wird.

Das Verständnis der Copilot-Grundlagen ist nicht nur für Einsteiger relevant. Selbst erfahrene Microsoft 365-Nutzer profitieren von einem klaren Verständnis der Mechanismen hinter Copilot. Ein CIO eines mittelständischen Produktionsunternehmens gestand mir: "Obwohl ich seit Jahren mit Microsoft-Produkten arbeite, war mein anfängliches Verständnis von Copilot oberflächlich. Erst als ich die

Grundlagen richtig begriffen hatte, konnte ich strategische Entscheidungen zur unternehmensweiten Einführung treffen."

In diesem Kapitel werde ich Ihnen auch zeigen, wie Copilot in den verschiedenen Microsoft 365-Anwendungen arbeitet. Die Integration in Word, Excel, PowerPoint, Outlook und Teams bietet jeweils spezifische Vorteile und Funktionen. Ein Verständnis dieser Unterschiede ermöglicht Ihnen, für jede Aufgabe das optimale Werkzeug zu wählen.

Die Vorbereitung auf Copilot beinhaltet auch eine Bestandsaufnahme Ihrer aktuellen Arbeitsweise mit Microsoft 365. Welche Anwendungen nutzen Sie am häufigsten? Wo investieren Sie die meiste Zeit? Welche Aufgaben empfinden Sie als besonders mühsam oder zeitraubend? Diese Reflexion hilft Ihnen, Prioritäten für Ihre Copilot-Nutzung zu setzen und schnell spürbare Verbesserungen zu erzielen.

Ein besonderes Augenmerk lege ich auf die Sicherheits- und Datenschutzaspekte bei der Nutzung von Copilot. Gerade in deutschen Unternehmen ist dies ein zentrales Thema. Ich zeige Ihnen, welche Daten Copilot nutzt, wie Sie die Kontrolle über sensible Informationen behalten und wie Sie verantwortungsvoll mit dem Werkzeug umgehen können.

Eine häufige Sorge, die mir in Workshops begegnet, betrifft die Qualität der von Copilot generierten Inhalte. "Kann ich den Ergebnissen vertrauen?", fragen viele Teilnehmer. Diese berechtigte Frage werden wir ausführlich behandeln. Sie lernen, die Qualität von Copilot-Ergebnissen einzuschätzen und wann eine kritische Prüfung besonders wichtig ist.

Das Fundament, das wir in diesem Kapitel legen, bildet die Basis für alle weiteren Schritte Ihrer Copilot-Reise. Ein solides Verständnis und eine gut vorbereitete Umgebung werden Ihnen den Einstieg erheblich erleichtern und Frustrationserlebnisse minimieren. Die Investition in dieses Grundlagenwissen zahlt sich vielfach aus, wenn Sie später komplexere Anwendungsfälle meistern möchten.

Ich habe bei vielen Klienten erlebt, wie wertvoll ein strukturierter Einstieg in die Copilot-Nutzung ist. Eine Personalreferentin eines Versicherungsunternehmens fasste es treffend zusammen: "Der methodische Aufbau meines Copilot-Wissens hat mir die Sicherheit gegeben, immer komplexere Aufgaben zu bewältigen. Was anfangs überwältigend erschien, wurde durch diesen Ansatz beherrschbar und sogar inspirierend."

Lassen Sie uns gemeinsam dieses Fundament bauen, damit Sie von einer soliden Basis aus die transformative Kraft von Microsoft 365 Copilot voll ausschöpfen können. Die Zeit, die Sie jetzt in das Verständnis der Grundlagen investieren, wird sich in Ihrer zukünftigen Arbeitseffizienz und -zufriedenheit vielfach auszahlen.

1.1 Copilot entmystifizieren: Kernfunktionen und Nutzen klar definieren

1.1.1 Die Funktionsweise von Copilot innerhalb des M365-Ökosystems nachvollziehen

"Wie genau funktioniert Copilot eigentlich?" Diese Frage höre ich regelmäßig in meinen Workshops. Ein Abteilungsleiter eines mittelständischen Maschinenbauunternehmens brachte es auf den Punkt: "Ich soll dieses Tool in meinem Team einführen, aber ich verstehe selbst nicht, was unter der Haube passiert." Diese Unsicherheit ist verständlich und weit verbreitet. Zeit, Licht ins Dunkel zu bringen.

Microsoft 365 Copilot ist keine isolierte Anwendung, sondern ein integrierter KI-Assistent, der nahtlos mit dem gesamten Microsoft 365-Ökosystem zusammenarbeitet. Um das volle Potenzial auszuschöpfen, müssen Sie verstehen, wie Copilot auf Ihre Daten zugreift, diese verarbeitet und Ihnen nützliche Ergebnisse liefert.

Die Magie von Copilot basiert auf einer Kombination aus fortschrittlichen KI-Modellen und dem Zugriff auf Ihre organisationsspezifischen Daten. Im Kern nutzt Copilot große Sprachmodelle (LLMs), ähnlich wie ChatGPT, jedoch mit einem entscheidenden Unterschied: Copilot kann kontextbezogen auf Ihre Microsoft 365-Daten zugreifen und diese in seine Antworten einbeziehen.

Stellen Sie sich Copilot als einen hochintelligenten Assistenten vor, der drei wesentliche Fähigkeiten besitzt:

- **Verstehen natürlicher Sprache**: Copilot interpretiert Ihre Anfragen in normaler, alltäglicher Sprache.
- **Datenanalyse**: Er kann Ihre Dokumente, E-Mails, Kalender und andere M365-Daten analysieren.

- **Inhaltsgenerierung**: Basierend auf seinem Verständnis und Ihrer Anfrage erzeugt er relevante, kontextbezogene Inhalte.

Eine Führungskraft aus dem Finanzsektor, die anfänglich skeptisch war, teilte mir nach einem Monat Copilot-Nutzung mit: "Jetzt verstehe ich, warum Copilot so viel leistungsfähiger ist als herkömmliche KI-Tools. Es kennt meinen Kalender, meine E-Mails, meine Teams-Gespräche. Es arbeitet nicht im luftleeren Raum."

Der Datenzugriff ist der Schlüssel zum Verständnis der Copilot-Funktionsweise. Copilot kann auf folgende Datenquellen innerhalb Ihres Microsoft 365-Ökosystems zugreifen:

- **OneDrive und SharePoint**: Ihre gespeicherten Dokumente und Dateien
- **Outlook**: E-Mails, Kalender und Kontakte
- **Teams**: Chats, Besprechungen und geteilte Dokumente
- **Microsoft Graph**: Das Beziehungsnetzwerk zwischen Personen und Inhalten in Ihrer Organisation

Die Integration in diese Datenquellen erfolgt unter Berücksichtigung der Berechtigungen und Datenschutzeinstellungen. Copilot sieht nur, was Sie auch sehen können. Diese Begrenzung ist wichtig zu verstehen: Wenn ein Dokument nicht für Sie freigegeben wurde, kann Copilot nicht darauf zugreifen oder Ihnen Informationen daraus liefern.

Die technische Architektur von Copilot besteht aus mehreren Schichten:

1. **Benutzeroberfläche**: Die Integration in die verschiedenen M365-Anwendungen
2. **Prompt-Verarbeitung**: Die Interpretation Ihrer Anfragen
3. **Datenabfrage**: Der Zugriff auf relevante Informationen in Ihrem M365-Ökosystem
4. **KI-Modellverarbeitung**: Die Analyse und Verarbeitung der Daten

5. **Antwortgenerierung**: Die Erstellung der finalen Inhalte

Dieser mehrschichtige Aufbau ermöglicht es Copilot, kontextbezogene und personalisierte Ergebnisse zu liefern. Ein Projektmanager aus der Logistikbranche beschrieb seine Erfahrung so: "Als ich Copilot bat, eine Zusammenfassung unseres Projektstatus zu erstellen, bezog er automatisch Informationen aus unseren letzten Teams-Meetings, den geteilten Excel-Tabellen und den Planner-Aufgaben ein. Das war beeindruckend."

Die Integration in die verschiedenen Microsoft 365-Anwendungen erfolgt auf spezifische Weise. Jede Anwendung bietet unterschiedliche Copilot-Funktionen, die auf den jeweiligen Anwendungsfall zugeschnitten sind:

- **Word**: Copilot kann Texte zusammenfassen, umschreiben, erweitern oder basierend auf Ihren Anweisungen komplett neue Inhalte erstellen.
- **Excel**: Der KI-Assistent analysiert Daten, erstellt Formeln, identifiziert Trends und generiert Visualisierungen.
- **PowerPoint**: Copilot erstellt Präsentationen aus vorhandenen Dokumenten oder nach Ihren Vorgaben und optimiert Design und Struktur.
- **Outlook**: Die KI hilft beim Verfassen, Zusammenfassen und Priorisieren von E-Mails sowie bei der Terminverwaltung.
- **Teams**: Copilot fasst Besprechungen zusammen, erstellt Protokolle und hilft bei der Moderation.

Die Integration ist nahtlos, wie eine Marketingleiterin treffend bemerkte: "Es fühlt sich nicht an, als würde ich mit einem separaten Tool arbeiten. Copilot ist einfach da, wo ich ihn brauche, als natürliche Erweiterung der Programme, die ich ohnehin täglich nutze."

Ein wichtiger Aspekt der Copilot-Funktionsweise ist das Konzept des "grounded context". Anders als allgemeine KI-Modelle, die manchmal Fakten erfinden oder ungenau sind, verankert Copilot seine Antworten in Ihren tatsächlichen Daten. Wenn Sie beispielsweise nach dem Status eines Projekts fragen, basiert die Antwort auf realen Dokumenten und Kommunikationen, nicht auf Vermutungen.

Die Interaktion mit Copilot folgt einem einfachen Muster:

1. **Sie formulieren eine Anfrage** in natürlicher Sprache.
2. **Copilot interpretiert diese Anfrage** und identifiziert, welche Informationen benötigt werden.
3. **Der Assistent durchsucht Ihre M365-Daten** nach relevanten Inhalten.
4. **Die KI verarbeitet diese Informationen** und generiert eine Antwort.
5. **Sie erhalten das Ergebnis** und können es bei Bedarf verfeinern oder anpassen.

Dieses Interaktionsmuster ist konsistent über alle M365-Anwendungen hinweg, was die Lernkurve erheblich verkürzt. Nach meiner Erfahrung benötigen Nutzer etwa zwei bis drei Wochen regelmäßiger Nutzung, um sich mit diesem Ansatz vertraut zu machen.

Ein häufiges Missverständnis betrifft die Grenzen von Copilot. Der KI-Assistent ist kein allwissender Experte, sondern ein Werkzeug, das Ihre eigene Expertise ergänzt. Eine Rechtsanwältin drückte es so aus: "Anfangs erwartete ich perfekte juristische Analysen. Dann verstand ich, dass Copilot mir helfen kann, Dokumente zu erstellen und Informationen zu organisieren, aber mein Fachwissen und mein Urteilsvermögen nicht ersetzen kann."

Die Qualität der Copilot-Ergebnisse hängt maßgeblich von drei Faktoren ab:

- **Qualität Ihrer Anfrage**: Je präziser und klarer Ihre Anweisung, desto besser das Ergebnis.

- **Verfügbarkeit relevanter Daten**: Copilot kann nur mit Informationen arbeiten, die in Ihrem M365-Ökosystem verfügbar sind.
- **Anwendungskontext**: Die spezifische M365-Anwendung beeinflusst, welche Funktionen zur Verfügung stehen.

Die Verarbeitung von Daten durch Copilot wirft natürlich Fragen zum Datenschutz auf. Microsoft hat hier einen differenzierten Ansatz implementiert:

- Ihre Daten werden nicht zum Training der allgemeinen KI-Modelle verwendet.
- Copilot arbeitet mit Ihren Zugriffsberechtigungen, sieht also nur, was Sie auch sehen dürfen.
- Die Datenverarbeitung erfolgt in Übereinstimmung mit Microsofts Datenschutz- und Compliance-Richtlinien.

Ein IT-Leiter eines mittelständischen Unternehmens fasste seine Erfahrung zusammen: "Nach gründlicher Prüfung der Datenschutzaspekte haben wir festgestellt, dass Copilot tatsächlich sicherer ist als viele andere KI-Tools, die unsere Mitarbeiter eigenmächtig nutzen würden."

Das Besondere an Copilot ist seine Fähigkeit, über Anwendungsgrenzen hinweg zu arbeiten. Ein Beispiel: Sie können in Outlook eine E-Mail verfassen und Copilot bitten, Informationen aus einem Excel-Dokument oder einer PowerPoint-Präsentation einzubeziehen. Diese übergreifende Funktionalität schafft einen erheblichen Mehrwert gegenüber isolierten KI-Tools.

Die kontinuierliche Weiterentwicklung ist ein weiteres Merkmal von Copilot. Microsoft erweitert regelmäßig die Funktionalitäten und verbessert die zugrundeliegenden KI-Modelle. Was heute möglich ist, wird morgen durch neue Fähigkeiten ergänzt. Diese Evolution macht Copilot zu einer langfristigen Investition in Ihre Produktivität.

Um Copilot effektiv zu nutzen, müssen Sie nicht die technischen Details verstehen, aber ein grundlegendes Bewusstsein für die Funktionsweise hilft Ihnen, realistische Erwartungen zu setzen und das volle Potenzial auszuschöpfen. Wie ein Controller mir sagte: "Das Verständnis, dass Copilot meine eigenen Daten nutzt, hat meine Art zu arbeiten verändert. Ich organisiere jetzt Informationen bewusster, damit Copilot sie später besser nutzen kann."

Diese Grundlagen bilden das Fundament für Ihre weitere Reise mit Microsoft 365 Copilot. Im nächsten Abschnitt werden wir uns den spezifischen Anwendungen und ihren besonderen Vorteilen widmen, damit Sie gezielt die für Sie relevantesten Bereiche identifizieren können.

1.1.2 DIE WICHTIGSTEN COPILOT-ANWENDUNGEN UND DEREN SPEZIFISCHE VORTEILE IDENTIFIZIEREN

Während einer Beratungssession fragte mich ein Geschäftsführer: "In welcher Microsoft-Anwendung bringt Copilot eigentlich den größten Nutzen?" Diese Frage höre ich häufig, und meine Antwort überrascht viele: "Es kommt auf Ihren individuellen Arbeitsalltag an." Microsoft 365 Copilot ist kein einheitliches Tool, sondern passt sich den spezifischen Anforderungen und Funktionen der jeweiligen Anwendung an. Um das volle Potenzial auszuschöpfen, müssen Sie verstehen, wie Copilot in verschiedenen M365-Anwendungen funktioniert und welche spezifischen Vorteile er dort bietet.

Der erste Schritt zur effektiven Nutzung von Copilot besteht darin, zu verstehen, wo und wie Sie ihn einsetzen können. In meinen Workshops bin ich immer wieder überrascht, wie wenige Teilnehmer tatsächlich wissen, in welchen Anwendungen Copilot verfügbar ist und was er dort konkret leisten kann. Lassen Sie uns diese Wissenslücke schließen und die wichtigsten

Copilot-Anwendungen und ihre jeweiligen Stärken systematisch betrachten.

Microsoft Word mit Copilot verwandelt das traditionelle Textverarbeitungsprogramm in ein leistungsstarkes Werkzeug für kollaboratives und intelligentes Schreiben. Die KI-Integration bietet hier zahlreiche Vorteile, die weit über einfache Grammatik- und Rechtschreibprüfungen hinausgehen:

- **Texterstellung und Überarbeitung**: Copilot kann basierend auf kurzen Vorgaben vollständige Dokumente erstellen, Texte umschreiben oder den Stil anpassen. Eine Marketingmanagerin berichtete mir: "Ich gebe Copilot die wichtigsten Punkte vor, und er erstellt einen ersten Entwurf für unsere Produktbeschreibungen. Das spart mir Stunden."

- **Zusammenfassungen generieren**: Lange Dokumente können mit einem einzigen Prompt auf ihre Kernaussagen reduziert werden, ideal für die Vorbereitung von Meetings oder die schnelle Erfassung umfangreicher Inhalte.

- **Formatierung und Strukturierung**: Copilot hilft bei der konsistenten Formatierung, erstellt automatisch Inhaltsverzeichnisse oder gliedert unstrukturierte Texte in übersichtliche Abschnitte.

- **Recherche und Integration von Informationen**: Die KI kann Informationen aus anderen Dokumenten oder aus dem Web recherchieren und nahtlos in Ihre Texte integrieren.

Ein Rechtsanwalt aus einer mittelständischen Kanzlei schilderte mir seine Erfahrung: "Ich nutze Copilot in Word, um standardisierte Vertragsentwürfe zu erstellen und anzupassen. Was früher mehrere Stunden dauerte, erledige ich jetzt in 30 Minuten mit einem qualitativ hochwertigeren Ergebnis."

Microsoft Excel erhält durch Copilot eine völlig neue Dimension. Die traditionell komplexe Tabellenkalkulation wird durch die KI-Unterstützung deutlich zugänglicher und leistungsfähiger:

- **Datenanalyse ohne Formeln**: Statt komplexe Formeln zu schreiben, können Sie Copilot einfach in natürlicher Sprache bitten, bestimmte Analysen durchzuführen. "Zeige mir den Umsatztrend nach Regionen für die letzten 6 Monate" genügt, um aussagekräftige Ergebnisse zu erhalten.

- **Automatische Formelerstellung**: Die KI generiert komplexe Formeln basierend auf Ihren Beschreibungen, was besonders für Nutzer hilfreich ist, die keine Excel-Experten sind.

- **Datenvisualisierung**: Copilot erstellt mit einfachen Anweisungen aussagekräftige Diagramme und Grafiken, die Ihre Daten optimal darstellen.

- **Muster und Anomalien erkennen**: Die KI kann automatisch Trends, Muster oder Ausreißer in Ihren Daten identifizieren, die Ihnen möglicherweise entgangen wären.

Eine Controllerin aus dem Gesundheitswesen teilte mir ihre Erfahrung mit: "Excel war immer ein notwendiges Übel für mich. Mit Copilot kann ich jetzt tiefgehende Analysen durchführen, ohne mich durch komplizierte Formeln kämpfen zu müssen. Das Tool hat mir ein völlig neues Verständnis meiner Daten ermöglicht."

Microsoft PowerPoint gewinnt durch Copilot besonders für diejenigen, die regelmäßig Präsentationen erstellen müssen. Die KI-Unterstützung transformiert den gesamten Erstellungsprozess:

- **Präsentationserstellung aus Rohkonzepten**: Geben Sie Copilot einfach Ihr Thema und die wichtigsten Punkte, und er erstellt eine vollständige Präsentation mit logischer Struktur und ansprechendem Design.

- **Design-Optimierung**: Die KI passt Layouts, Farbschemata und visuelle Elemente automatisch an, um professionelle und ästhetisch ansprechende Folien zu erstellen.

- **Content-Erweiterung**: Wenn Ihnen Inhalte für bestimmte Folien fehlen, kann Copilot relevante Informationen ergänzen und Lücken füllen.

- **Sprechnotizen generieren**: Besonders nützlich für nervöse Präsentierende ist die Funktion, passende Sprechnotizen zu den Folien zu erstellen.

Ein Vertriebsleiter beschrieb seine Erfahrung so: "Früher verbrachte ich Stunden mit dem Formatieren und Anpassen von Kundenpräsentationen. Mit Copilot gebe ich die wichtigsten Verkaufsargumente ein, und er erstellt eine professionelle Präsentation, die ich nur noch feintunen muss."

Microsoft Outlook wird durch Copilot zum effizienten Kommunikationszentrum. Die E-Mail-Flut, die viele Berufstätige belastet, lässt sich deutlich besser bewältigen:

- **E-Mail-Zusammenfassungen**: Lange E-Mail-Verläufe werden auf die wesentlichen Punkte reduziert, sodass Sie schnell den Kontext erfassen können.

- **Antwortvorschläge**: Basierend auf dem E-Mail-Inhalt generiert Copilot passende Antwortentwürfe, die Sie anpassen können.

- **Tonfall und Stil anpassen**: Je nach Adressat kann Copilot formelle oder lockere Antworten formulieren und den richtigen Ton treffen.

- **Terminplanung und Koordination**: Die KI hilft bei der Organisation von Meetings und der Koordination von Terminen zwischen mehreren Teilnehmern.

Eine Personalreferentin berichtete: "Ich bearbeite täglich Dutzende von Bewerbungen und Anfragen. Mit Copilot in Outlook kann ich personalisierte Antworten in einem Bruchteil der Zeit verfassen. Die KI erkennt sogar, ob eine formelle oder informelle Ansprache angemessen ist."

Microsoft Teams mit Copilot revolutioniert die virtuelle Zusammenarbeit. Gerade in Zeiten verteilter Teams und hybrider Arbeitsmodelle bietet diese Integration enorme Vorteile:

- **Meeting-Zusammenfassungen**: Nach einem Teams-Meeting erstellt Copilot automatisch eine strukturierte Zusammenfassung mit den wichtigsten Diskussionspunkten, Entscheidungen und Aktionspunkten.

- **Echtzeitunterstützung während Meetings**: Die KI kann während laufender Besprechungen Informationen bereitstellen, Notizen organisieren oder Fragen beantworten.

- **Chat-Unterstützung**: Copilot hilft bei der Formulierung von Nachrichten, fasst lange Chat-Verläufe zusammen oder extrahiert relevante Informationen.

- **Kontextbezogene Informationen**: Die KI kann relevante Dokumente, frühere Gespräche oder Hintergrundinformationen zu besprochenen Themen bereitstellen.

Ein Projektmanager aus der IT-Branche schilderte seinen Aha-Moment: "Nach einem zweistündigen Stakeholder-Meeting lieferte mir Copilot eine strukturierte Zusammenfassung mit allen Entscheidungen und To-Dos. Das hat nicht nur Zeit gespart, sondern auch sichergestellt, dass nichts Wichtiges verloren ging."

Microsoft OneNote profitiert ebenfalls erheblich von der Copilot-Integration. Das digitale Notizbuch wird zum intelligenten Wissensmanagement-Tool:

- **Notizen strukturieren und organisieren**: Copilot kann ungeordnete Notizen in klar strukturierte Dokumente umwandeln.

- **Zusammenfassungen erstellen**: Umfangreiche Notizen werden auf die wesentlichen Punkte reduziert.

- **Recherche und Erweiterung**: Die KI kann Ihre Notizen mit zusätzlichen Informationen anreichern oder vertiefen.

- **Ideen entwickeln**: Basierend auf Ihren Notizen kann Copilot verwandte Ideen vorschlagen oder Gedankengänge weiterentwickeln.

Eine Studienleiterin aus der Pharmaindustrie teilte mir mit: "OneNote mit Copilot hat meine Forschungsarbeit transformiert. Ich kann Literaturnotizen organisieren, zusammenfassen und Verbindungen zwischen verschiedenen Quellen herstellen, die ich sonst übersehen hätte."

Die übergreifende Microsoft 365-Integration von Copilot bietet einen zusätzlichen Mehrwert, der über die Summe der einzelnen Anwendungen hinausgeht:

- **Nahtlose Übergänge zwischen Anwendungen**: Copilot kann Inhalte aus einer Anwendung in eine andere übertragen, etwa eine Excel-Tabelle in eine PowerPoint-Präsentation umwandeln.

- **Kontextbezogene Unterstützung**: Die KI berücksichtigt Informationen aus allen verknüpften M365-Anwendungen für präzisere und relevantere Ergebnisse.

- **Einheitliche Benutzererfahrung**: Trotz der unterschiedlichen Funktionen in den verschiedenen Anwendungen bleibt die Interaktion mit Copilot konsistent und intuitiv.

- **Zentrale Verwaltung**: Unternehmen können Richtlinien und Berechtigungen für Copilot zentral verwalten und so Compliance und Sicherheit gewährleisten.

Ein CIO eines mittelständischen Unternehmens fasste es so zusammen: "Der wahre Mehrwert von Copilot liegt in der Integration über alle M365-Anwendungen hinweg. Es ist, als hätte man einen persönlichen Assistenten, der den gesamten digitalen Arbeitsplatz kennt und unterstützt."

Um die richtigen Copilot-Anwendungen für Ihren persönlichen Arbeitsalltag zu identifizieren, empfehle ich folgende Vorgehensweise:

1. **Analysieren Sie Ihren typischen Arbeitstag**: Welche Microsoft-Anwendungen nutzen Sie am häufigsten? Wo verbringen Sie die meiste Zeit?

2. **Identifizieren Sie Schmerzpunkte**: Welche Aufgaben empfinden Sie als besonders zeitraubend oder mühsam? Hier kann Copilot den größten Mehrwert bieten.

3. **Starten Sie mit einer Anwendung**: Wählen Sie eine Anwendung, in der Sie sich bereits sicher fühlen, und erkunden Sie dort die Copilot-Funktionen.

4. **Experimentieren Sie gezielt**: Testen Sie Copilot für konkrete Aufgaben in Ihrem Arbeitskontext, statt allgemeine Funktionen auszuprobieren.

5. **Erweitern Sie schrittweise**: Sobald Sie in einer Anwendung Erfolge erzielt haben, übertragen Sie Ihre Erfahrungen auf weitere M365-Tools.

Ein Finanzanalyst teilte seine Erfahrung: "Ich habe mit Excel begonnen, weil ich dort die meiste Zeit verbringe. Nach zwei Wochen mit Copilot konnte ich meine Analyseprozesse so optimieren, dass ich nun mehr Zeit für strategische Aufgaben habe.

Danach habe ich PowerPoint hinzugenommen, um meine Analysen effektiver zu präsentieren."

Die Identifikation der richtigen Copilot-Anwendungen ist kein einmaliger Vorgang, sondern ein kontinuierlicher Prozess der Anpassung und Optimierung. Mit zunehmender Erfahrung werden Sie immer neue Einsatzmöglichkeiten entdecken und Ihre persönliche Copilot-Strategie verfeinern.

1.2 Ihre M365-Umgebung vorbereiten: Technische Voraussetzungen sicherstellen

1.2.1 Den Zugriff auf Copilot und die notwendigen Lizenzen klären

Vor einigen Monaten rief mich der IT-Leiter eines mittelständischen Maschinenbauunternehmens sichtlich frustriert an: "Herr Neumann, wir haben acht Wochen auf die Freigabe für Copilot gewartet, alle Vorbereitungen getroffen und jetzt stellen wir fest, dass unsere Lizenzierung nicht ausreicht. Das hätte uns jemand früher sagen müssen!" Diese Situation erlebe ich leider häufig – der Enthusiasmus für Copilot wird schnell von Ernüchterung abgelöst, wenn die technischen Voraussetzungen nicht geklärt sind.

Die Lizenzfrage bildet das Fundament für Ihre Copilot-Reise und sollte an erster Stelle stehen. Microsoft hat für Copilot ein spezifisches Lizenzmodell entwickelt, das sich von anderen Microsoft 365-Diensten unterscheidet. Lassen Sie uns diesen oft verwirrenden Bereich gemeinsam durchleuchten, damit Sie nicht in dieselbe Falle tappen wie viele meiner Klienten.

Microsoft 365 Copilot erfordert grundsätzlich zwei Komponenten: eine qualifizierende Basislizenz und die eigentliche Copilot-Lizenz. Diese Struktur verwirrt viele Unternehmen, da sie sich von den üblichen Microsoft-Lizenzmodellen unterscheidet. Die qualifizierende Basislizenz muss eine der folgenden sein:

- Microsoft 365 E3/E5
- Microsoft 365 Business Standard/Premium
- Office 365 E3/E5
- Office 365 Business Premium

Ohne eine dieser Basislizenzen können Sie Copilot nicht nutzen, selbst wenn Sie bereit wären, die Copilot-Lizenz zu erwerben. Eine Teamleiterin aus dem Finanzsektor beschrieb mir ihre Überraschung: "Wir dachten, wir könnten einfach Copilot-Lizenzen kaufen und loslegen, aber ohne die passende Basislizenz ging nichts. Diese Information fehlte in unserer Planung komplett."

Neben der Basislizenz benötigen Sie die spezifische Microsoft 365 Copilot-Lizenz. Microsoft verfolgt hier einen benutzerorientierten Ansatz, was bedeutet: Jeder Mitarbeiter, der Copilot nutzen soll, benötigt eine eigene Lizenz. Es gibt keine Möglichkeit der gemeinsamen Nutzung oder des Teilens von Lizenzen zwischen verschiedenen Benutzern.

Die Preisgestaltung für Copilot-Lizenzen mag auf den ersten Blick abschreckend wirken. Bei meiner Arbeit mit deutschen Unternehmen stoße ich oft auf Bedenken bezüglich der Lizenzkosten. Ein Geschäftsführer eines mittelständischen Unternehmens fragte mich: "30 Euro pro Benutzer und Monat zusätzlich zu unseren bestehenden Lizenzen? Wie soll sich das rechnen?"

Diese Frage ist berechtigt und führt zu einem wichtigen strategischen Aspekt: Nicht jeder Mitarbeiter benötigt zwingend Zugriff auf Copilot. Ein gezielter, strategischer Einsatz kann die Investition deutlich wirtschaftlicher gestalten. In meinen Beratungsprojekten empfehle ich folgende Vorgehensweise zur Identifizierung der optimalen Lizenzverteilung:

1. **Bedarfsanalyse durchführen**: Ermitteln Sie, welche Rollen und Positionen am meisten von Copilot profitieren würden
2. **Potenzialanalyse erstellen**: Quantifizieren Sie den potenziellen Produktivitätsgewinn für verschiedene Mitarbeitergruppen

3. **Pilotgruppe definieren**: Starten Sie mit einer kleinen, diversen Gruppe von Anwendern aus verschiedenen Abteilungen
4. **Nutzung messen**: Erfassen Sie systematisch, wie und mit welchem Erfolg Copilot eingesetzt wird
5. **Skalierungsstrategie entwickeln**: Erweitern Sie den Nutzerkreis basierend auf konkreten Erfolgen und Erkenntnissen

Ein IT-Direktor eines Handelsunternehmens berichtete mir von seinem Erfolg mit diesem Ansatz: "Wir haben mit 25 Lizenzen für Schlüsselpositionen begonnen und den tatsächlichen Zeitgewinn gemessen. Nach drei Monaten konnten wir einen ROI nachweisen und die Ausrollung auf weitere 100 Mitarbeiter rechtfertigen."

Für viele Organisationen stellt sich auch die Frage, wie Copilot-Lizenzen beschafft werden können. Microsoft bietet verschiedene Bezugswege an, die jeweils Vor- und Nachteile haben:

- **Microsoft 365 Admin Center**: Direkte Bestellung über die Microsoft-Plattform, geeignet für kleinere Unternehmen und schnelle Implementierungen
- **Cloud Solution Provider (CSP)**: Kauf über Microsoft-Partner, bietet zusätzliche Beratung und Support
- **Enterprise Agreement (EA)**: Für größere Unternehmen mit bestehenden Microsoft-Verträgen
- **Microsoft Customer Agreement (MCA)**: Neueres Vertragsmodell für flexible Lizenzierung

In meinen Beratungsprojekten erlebe ich, dass besonders mittelständische Unternehmen von der Zusammenarbeit mit einem kompetenten CSP-Partner profitieren können. Ein Produktionsleiter teilte mir mit: "Unser Microsoft-Partner hat uns nicht nur bei der Lizenzierung beraten, sondern auch bei der strategischen Implementierung unterstützt. Das war das Zünglein an der Waage für unseren Erfolg mit Copilot."

Nach der Lizenzierung stellt sich die Frage der Zuweisung. Wer sollte in Ihrem Unternehmen Zugang zu Copilot erhalten? Basierend auf meiner Erfahrung haben sich folgende Nutzergruppen als besonders geeignet erwiesen:

- **Wissensarbeiter mit hohem Dokumentenaufkommen**: Mitarbeiter, die regelmäßig Berichte, Präsentationen oder andere Dokumente erstellen und bearbeiten
- **Kommunikationsintensive Rollen**: Positionen mit umfangreicher E-Mail-Korrespondenz und Meeting-Teilnahme
- **Datenanalysten und Entscheidungsträger**: Personen, die regelmäßig Daten interpretieren und daraus Erkenntnisse ableiten müssen
- **Projektmanager und Koordinatoren**: Rollen, die verschiedene Informationsströme bündeln und organisieren
- **Innovationstreiber und Early Adopters**: Mitarbeiter, die neue Technologien testen und als interne Champions fungieren können

Ein wichtiger Aspekt, den viele Unternehmen übersehen, ist die regelmäßige Überprüfung der Lizenznutzung. In einem Beratungsprojekt für einen Finanzdienstleister stellten wir fest, dass etwa 15% der Copilot-Lizenzen kaum genutzt wurden. Durch Umverteilung dieser Lizenzen an interessiertere Mitarbeiter konnte der Wertbeitrag signifikant gesteigert werden.

Nach der Beschaffung der Lizenzen folgt die technische Aktivierung von Copilot. Hier kommt der Microsoft 365 Admin einer Organisation ins Spiel. Die Aktivierung umfasst mehrere Schritte:

1. **Lizenzzuweisung an Benutzer**: Spezifische Zuweisung der Copilot-Lizenzen an Benutzerkonten

2. **Aktivierung der Copilot-Dienste**: Freischaltung der verschiedenen Copilot-Funktionen in den M365-Anwendungen
3. **Konfiguration von Richtlinien**: Festlegung von Nutzungsrichtlinien und Berechtigungen
4. **Kompatibilitätsprüfung**: Sicherstellung, dass alle Komponenten des M365-Ökosystems kompatibel sind
5. **Benachrichtigung der Benutzer**: Information der Mitarbeiter über die Verfügbarkeit und Nutzung

Die technische Umsetzung mag komplex erscheinen, ist aber mit der richtigen Vorbereitung gut zu bewältigen. Ein IT-Administrator aus dem Gesundheitswesen schilderte mir seine Erfahrung: "Die eigentliche technische Einrichtung war überraschend unkompliziert. Die größere Herausforderung lag in der Organisation und Kommunikation."

Ein häufig übersehener Aspekt ist die Überprüfung der Datenresidenz. Für deutsche Unternehmen mit strengen Datenschutzanforderungen ist es wichtig zu wissen, dass Microsoft 365 Copilot derzeit in bestimmten Microsoft-Rechenzentren in Europa betrieben wird. Stellen Sie sicher, dass Ihre Organisation mit dieser Datenresidenz konform ist.

In meiner Beratungspraxis bin ich immer wieder überrascht, wie viele Unternehmen die Datenschutzaspekte von Copilot erst nach der Lizenzierung betrachten. Ich empfehle dringend, diese Überlegungen vorzuziehen und idealerweise den Datenschutzbeauftragten früh einzubinden. Eine Rechtsabteilungsleiterin berichtete mir: "Wir hatten bereits alle Lizenzen gekauft, als unser Datenschutzbeauftragter grundlegende Bedenken äußerte. Ein früheres Gespräch hätte uns viel Zeit und Frustration erspart."

Nach der Lizenzierung und technischen Aktivierung folgt die Freigabe für die Endbenutzer. Hier empfehle ich einen gestaffelten Ansatz:

- **Phase 1**: Pilotierung mit einer kleinen Gruppe technisch versierter Nutzer
- **Phase 2**: Erweiterung auf interessierte Fachabteilungen mit konkreten Anwendungsfällen
- **Phase 3**: Breitere Ausrollung basierend auf den Erkenntnissen aus den ersten Phasen
- **Phase 4**: Vollständige Integration in die Arbeitsabläufe aller lizenzierten Benutzer
- **Phase 5**: Kontinuierliche Optimierung und Anpassung

Ein Personalleiter teilte mir seine positive Erfahrung mit diesem Ansatz mit: "Die schrittweise Einführung hat uns erlaubt, aus frühen Fehlern zu lernen und Best Practices zu entwickeln, bevor wir Copilot unternehmensweit eingeführt haben."

Ein kritischer Erfolgsfaktor für die Copilot-Nutzung ist die Verfügbarkeit und Qualität der Daten im Microsoft 365-Ökosystem. Copilot ist nur so gut wie die Daten, auf die er zugreifen kann. Stellen Sie sicher, dass Ihre Organisation über eine klare Strategie für Datenverwaltung und -organisation verfügt, bevor Sie Copilot einführen.

Die Frage der Lizenzierung und des Zugangs zu Copilot ist keine einmalige Entscheidung, sondern ein kontinuierlicher Prozess. Märkte verändern sich, Unternehmensprioritäten verschieben sich, und die Technologie entwickelt sich weiter. Eine regelmäßige Überprüfung Ihrer Copilot-Strategie ist daher unerlässlich für langfristigen Erfolg.

Mit den richtigen Lizenzen und einem durchdachten Implementierungsansatz haben Sie das Fundament für Ihre Copilot-Reise gelegt. Im nächsten Abschnitt werden wir uns damit beschäftigen, wie Sie Ihre Microsoft 365-Umgebung optimal für die Nutzung von Copilot konfigurieren können.

1.2.2 GRUNDLEGENDE EINSTELLUNGEN FÜR EINE OPTIMALE COPILOT-NUTZUNG VORNEHMEN

Nach einem Beratungsgespräch zum Thema Copilot erhielt ich eine E-Mail von einer Teamleiterin: "Wir haben alle Lizenzen gekauft, aber irgendwie funktioniert Copilot nicht richtig. Meine Ergebnisse sind ungenau und manche Features scheinen gar nicht zu existieren." Diese Situation ist typisch - viele Anwender springen sofort ins kalte Wasser, ohne die grundlegenden Einstellungen zu optimieren. Der Unterschied zwischen einer mittelmäßigen und einer herausragenden Copilot-Erfahrung liegt oft in der sorgfältigen Konfiguration Ihrer Microsoft 365-Umgebung.

Die optimale Einrichtung von Copilot erfordert mehr als nur die Installation der Software. Sie müssen Ihre gesamte Microsoft 365-Umgebung darauf vorbereiten, mit diesem leistungsstarken KI-Assistenten zu interagieren. In meiner Beratungspraxis habe ich einen systematischen Ansatz entwickelt, um Clients bei dieser kritischen Vorbereitungsphase zu unterstützen.

Beginnen wir mit den grundlegenden Anwendungseinstellungen, die für eine reibungslose Copilot-Nutzung unerlässlich sind. Diese variieren je nach spezifischer Microsoft 365-Anwendung:

- **Microsoft Word**: Aktivieren Sie die Option "Speichern von Dokumenten in der Cloud" unter den AutoSpeichern-Einstellungen, damit Copilot auf Ihre Dokumente zugreifen kann. Stellen Sie sicher, dass die Sprache Ihrer Dokumente korrekt eingestellt ist, um Missverständnisse zu vermeiden.

- **Microsoft Excel**: Überprüfen Sie die Datenformatierungsoptionen und stellen Sie sicher, dass Tabellen korrekt definiert sind. Copilot funktioniert am besten mit gut strukturierten Daten und korrekten Tabellenbezeichnungen.

- **Microsoft PowerPoint**: Aktivieren Sie die Designer-Funktion und cloud-basierte Designvorschläge, damit Copilot umfassende Design-Unterstützung bieten kann.

- **Microsoft Outlook**: Konfigurieren Sie die Fokussierte-Posteingang-Einstellungen und passen Sie die Berechtigungen für den Kalenderzugriff an, um Copilot die Möglichkeit zu geben, bei E-Mails und Terminplanung zu unterstützen.

- **Microsoft Teams**: Aktivieren Sie die automatische Aufzeichnung und Transkription von Meetings, damit Copilot Besprechungen zusammenfassen kann.

Ein IT-Verantwortlicher eines Logistikunternehmens teilte mir mit: "Nachdem wir die Grundeinstellungen in allen Anwendungen optimiert hatten, verbesserte sich die Qualität der Copilot-Ergebnisse drastisch. Besonders die Aktivierung der Transkriptionsfunktion in Teams war ein Game-Changer für unsere Meeting-Zusammenfassungen."

Neben den anwendungsspezifischen Einstellungen spielen die Microsoft 365-weiten Konfigurationen eine entscheidende Rolle. Hier sind die wichtigsten Bereiche, die Sie optimieren sollten:

1. **Sprach- und Regioneneinstellungen**: Stellen Sie sicher, dass Ihre Spracheinstellungen konsistent sind. Copilot funktioniert am besten, wenn alle Ihre Microsoft 365-Anwendungen dieselbe Sprache verwenden. Navigieren Sie zum Admin Center und überprüfen Sie unter "Einstellungen" > "Organisationseinstellungen" > "Sprache und Region" die entsprechenden Konfigurationen.

2. **Datenspeicheroptionen**: Konfigurieren Sie OneDrive und SharePoint für optimale Datenverfügbarkeit. Copilot kann nur auf Daten zugreifen, die in der Cloud gespeichert sind.

Prüfen Sie unter "OneDrive Admin Center" > "Sharing", ob die entsprechenden Freigabeoptionen aktiviert sind.

3. **Sucheinstellungen**: Optimieren Sie die Microsoft Search-Konfiguration, um sicherzustellen, dass Copilot relevante Inhalte finden kann. Gehen Sie zum "Microsoft 365 Admin Center" > "Einstellungen" > "Microsoft Search" und passen Sie die Suchparameter an.

4. **Berechtigungsrichtlinien**: Überprüfen Sie die Berechtigungsrichtlinien in Ihrer Organisation. Copilot respektiert diese Einstellungen und kann nur auf Inhalte zugreifen, für die der Benutzer Zugriffsrechte hat. Navigieren Sie zu "Azure AD" > "Unternehmensanwendungen" > "Berechtigungsrichtlinien".

5. **Copilot-spezifische Einstellungen**: Aktivieren Sie im Microsoft 365 Admin Center unter "Einstellungen" > "Organisationseinstellungen" > "Microsoft 365 Copilot" die spezifischen Copilot-Funktionen für Ihre Organisation.

Eine Personalleiterin aus dem Gesundheitssektor berichtete mir: "Der Unterschied vor und nach der Optimierung unserer Microsoft 365-Einstellungen war enorm. Besonders die Anpassung der Sucheinstellungen hat dazu geführt, dass Copilot nun viel relevantere Informationen aus unserer großen Dokumentenbasis liefert."

Die Datensicherheit und der Datenschutz sind besonders für deutsche Unternehmen von höchster Bedeutung. Copilot muss so konfiguriert werden, dass sensible Daten geschützt bleiben. Hierfür empfehle ich folgende Einstellungen:

- **Datenklassifizierung**: Nutzen Sie die Microsoft Information Protection-Funktionen, um vertrauliche Inhalte zu klassifizieren und zu schützen. Navigieren Sie zum "Microsoft Purview Compliance Portal" > "Information

Protection" und richten Sie entsprechende Vertraulichkeitsbezeichnungen ein.

- **Copilot-Zugriffssteuerung**: Definieren Sie klar, welche Datenkategorien Copilot verarbeiten darf. Im Admin Center unter "Einstellungen" > "Microsoft 365 Copilot" können Sie granulare Zugriffskontrollen konfigurieren.

- **Compliance-Richtlinien**: Stellen Sie sicher, dass Ihre Compliance-Richtlinien auf Copilot angewendet werden. Überprüfen Sie im "Compliance Center" unter "Richtlinien" die entsprechenden Einstellungen.

- **Audit-Protokollierung**: Aktivieren Sie die erweiterte Audit-Protokollierung, um die Nutzung von Copilot zu überwachen. Dies finden Sie im "Compliance Center" unter "Audit".

Ein Datenschutzbeauftragter eines Finanzdienstleisters teilte mir mit: "Die gründliche Konfiguration der Datenschutzeinstellungen gab uns die nötige Sicherheit, Copilot auch in sensiblen Bereichen einzusetzen. Besonders die granulare Steuerung durch Vertraulichkeitsbezeichnungen war für uns entscheidend."

Die Benutzerprofileinstellungen spielen ebenfalls eine wichtige Rolle für ein optimales Copilot-Erlebnis. Jeder Benutzer sollte folgende Aspekte seines Profils überprüfen und anpassen:

- **Office-Profil vervollständigen**: Ein vollständiges Profil hilft Copilot, kontextbezogene Unterstützung zu bieten. Stellen Sie sicher, dass Ihre Benutzer ihre Profilinformationen aktualisieren.

- **Präferenzen festlegen**: Unter "Mein Konto" > "Einstellungen" können Benutzer ihre Präferenzen für KI-generierte Inhalte anpassen.

- **Sprachlerneinstellungen**: In den Spracheinstellungen von Microsoft 365 können Nutzer festlegen, ob Copilot ihren Sprachstil und Fachvokabular lernen soll, um bessere Ergebnisse zu liefern.

- **Kalender- und E-Mail-Einstellungen**: Die Optimierung der persönlichen Kalender- und E-Mail-Einstellungen verbessert die Copilot-Unterstützung bei der Terminplanung und E-Mail-Verwaltung.

Eine Teamleiterin aus dem Marketing beschrieb ihre Erfahrung: "Nachdem ich mein Office-Profil vervollständigt und meine Präferenzen angepasst hatte, wurden die Vorschläge von Copilot deutlich relevanter. Es war, als hätte der Assistent plötzlich verstanden, woran ich arbeite und was meine Prioritäten sind."

Um die Leistung von Copilot zu optimieren, sollten Sie auch die technischen Aspekte Ihrer IT-Infrastruktur berücksichtigen:

1. **Netzwerkbandbreite**: Copilot benötigt eine stabile Internetverbindung. Überprüfen Sie, ob Ihre Netzwerkbandbreite ausreichend ist, besonders wenn viele Mitarbeiter gleichzeitig Copilot nutzen.

2. **Endgeräte-Anforderungen**: Stellen Sie sicher, dass die Hardware Ihrer Mitarbeiter den Anforderungen entspricht. Copilot funktioniert am besten mit aktuellen Geräten und Betriebssystemen.

3. **Browser-Optimierung**: Wenn Sie Copilot in webbasierten Microsoft 365-Anwendungen nutzen, optimieren Sie Ihre Browser-Einstellungen. Chrome und Edge bieten die beste Unterstützung.

4. **Zwischenspeicherung und Synchronisierung**: Überprüfen Sie die Einstellungen für die OneDrive-Synchronisierung und die Zwischenspeicherung

von Dokumenten, um eine optimale Leistung zu gewährleisten.

Ein IT-Administrator teilte mir mit: "Nachdem wir unsere Netzwerkinfrastruktur für Copilot optimiert hatten, reduzierten sich die Ladezeiten um fast 40%. Dies hat die Akzeptanz bei den Mitarbeitern erheblich gesteigert, da nichts frustrierender ist als lange Wartezeiten bei der KI-Interaktion."

Für eine optimale Integration von Copilot in Ihre bestehenden Arbeitsabläufe empfehle ich folgende Schritte:

- **Dokumentvorlagen anpassen**: Passen Sie Ihre Dokumentvorlagen so an, dass sie Copilot-freundlich sind. Klare Struktur und Formatierung erleichtern die KI-Verarbeitung.

- **SharePoint-Bibliotheken strukturieren**: Organisieren Sie Ihre SharePoint-Bibliotheken logisch und mit aussagekräftigen Metadaten, um Copilot die Informationssuche zu erleichtern.

- **Teams-Kanäle optimieren**: Strukturieren Sie Ihre Teams-Kanäle thematisch, um die Qualität der Copilot-Zusammenfassungen zu verbessern.

- **E-Mail-Kategorisierung**: Nutzen Sie Outlook-Kategorien und Ordner, um E-Mails zu organisieren. Dies verbessert die Qualität der Copilot-Vorschläge.

Eine Projektmanagerin aus der Automobilbranche berichtete: "Die Umstrukturierung unserer SharePoint-Bibliotheken nach thematischen Gesichtspunkten hat die Fähigkeit von Copilot, relevante Dokumente zu finden und zu analysieren, dramatisch verbessert. Was vorher Stunden dauerte, erledigt Copilot nun in Minuten."

Regelmäßige Wartung und Updates sind entscheidend für eine kontinuierlich optimale Copilot-Nutzung. Ich empfehle folgende Wartungsroutinen:

1. **Regelmäßige Überprüfung der Einstellungen**: Überprüfen Sie monatlich alle relevanten Einstellungen, da Microsoft regelmäßig neue Funktionen und Optionen einführt.

2. **Feedback-Schleife einrichten**: Etablieren Sie einen Prozess, um Feedback von Benutzern zu sammeln und Einstellungen entsprechend anzupassen.

3. **Update-Management**: Stellen Sie sicher, dass Ihre Microsoft 365-Umgebung immer auf dem neuesten Stand ist, um von den neuesten Copilot-Funktionen profitieren zu können.

4. **Nutzungsanalysen durchführen**: Werten Sie regelmäßig aus, wie und wofür Copilot in Ihrer Organisation genutzt wird, um Optimierungspotenziale zu identifizieren.

Ein CIO eines mittelständischen Unternehmens teilte mir mit: "Wir haben einen monatlichen 'Copilot-Check' etabliert, bei dem wir alle Einstellungen überprüfen und Feedback der Nutzer auswerten. Dieser proaktive Ansatz hat uns geholfen, Probleme frühzeitig zu erkennen und die Nutzererfahrung kontinuierlich zu verbessern."

Die sorgfältige Konfiguration Ihrer Microsoft 365-Umgebung für Copilot mag zunächst zeitaufwändig erscheinen, zahlt sich aber durch verbesserte Leistung, höhere Benutzerakzeptanz und gesteigerte Produktivität aus. Indem Sie diese grundlegenden Einstellungen vornehmen, schaffen Sie die Voraussetzungen für eine erfolgreiche Copilot-Reise in Ihrem Unternehmen.

2. Den Copilot-Motor starten: Effektive Prompts formulieren und erste Erfolge erzielen

Der erste Kontakt mit einer neuen Technologie gleicht oft dem ersten Gespräch in einer fremden Sprache. Man kennt einige Vokabeln, versteht die grundlegende Grammatik, aber die flüssige Kommunikation will noch nicht so recht gelingen. Genau so ergeht es vielen meiner Klienten bei den ersten Versuchen mit Microsoft 365 Copilot. Sie haben das Fundament gelegt, verstehen die Grundkonzepte, doch der produktive Dialog mit dem KI-Assistenten fehlt noch.

In meiner Beratungspraxis beobachte ich immer wieder denselben kritischen Moment: Ein Nutzer öffnet das Eingabefeld von Copilot, der Cursor blinkt erwartungsvoll, und plötzlich herrscht Leere im Kopf. "Was soll ich jetzt eigentlich genau eingeben?" Diese scheinbar einfache Frage markiert den Übergang von theoretischem Wissen zur praktischen Anwendung, von der Vorbereitung zur tatsächlichen Nutzung.

Die Kunst des effektiven Promptings, also der gezielten Formulierung von Anweisungen an die KI, ist der Schlüssel zum Erfolg mit Copilot. Ein gut formulierter Prompt ist wie ein präzise eingestelltes Steuerrad, das den KI-Motor in die gewünschte Richtung lenkt. Ein vager oder missverständlicher Prompt hingegen führt zu Frustration und enttäuschenden Ergebnissen.

Eine Finanzanalystin eines großen Versicherungsunternehmens schilderte mir ihre Erfahrung: "Anfangs bat ich Copilot einfach, 'meine Daten zu analysieren'. Die Ergebnisse waren unbrauchbar. Erst als ich lernte, spezifische Anweisungen zu geben, erkannte ich das wahre Potenzial des Tools." Diese Geschichte spiegelt eine universelle Wahrheit wider: Die Qualität der Ergebnisse steht in direktem Zusammenhang mit der Qualität der Eingabe.

Im Kern geht es beim Prompting um Kommunikation. Sie lernen, mit einem hochintelligenten, aber dennoch limitierten System zu kommunizieren, das Ihre Absichten nur basierend auf Ihren expliziten Anweisungen verstehen kann. Die gute Nachricht: Diese Fähigkeit lässt sich systematisch erlernen und kontinuierlich verbessern.

Meine Arbeit mit Hunderten von Nutzern hat gezeigt, dass die Prompt-Kompetenz in verschiedenen Stufen wächst:

- **Stufe 1: Basisprompts** - Einfache, direkte Anweisungen für grundlegende Aufgaben
- **Stufe 2: Strukturierte Prompts** - Detailliertere Anweisungen mit Kontextinformationen
- **Stufe 3: Strategische Prompts** - Komplexe, mehrteilige Anweisungen für anspruchsvolle Aufgaben
- **Stufe 4: Iterative Prompts** - Prompts, die auf vorherigen Ergebnissen aufbauen und diese verfeinern
- **Stufe 5: Kreative Prompts** - Anweisungen, die neuartige Perspektiven und Lösungsansätze fördern

In diesem Kapitel führe ich Sie durch die ersten drei Stufen, damit Sie schnell produktive Ergebnisse erzielen können. Die fortgeschrittenen Stufen werden wir in späteren Kapiteln vertiefen.

Was macht einen guten Prompt aus? Meine Erfahrung zeigt, dass erfolgreiche Prompts typischerweise diese Elemente enthalten:

- **Klarheit**: Präzise Formulierung ohne Mehrdeutigkeiten
- **Kontext**: Relevante Hintergrundinformationen zur Aufgabe
- **Struktur**: Logischer Aufbau der Anfrage
- **Spezifität**: Konkrete Details statt vager Anweisungen
- **Zweck**: Klare Kommunikation des gewünschten Ergebnisses

Ein Personalleiter aus dem Einzelhandel beschrieb seinen Aha-Moment so: "Der Unterschied zwischen 'Erstelle eine Stellenausschreibung' und 'Erstelle eine Stellenausschreibung für eine Führungsposition im Einzelhandel mit Fokus auf Teamführung und Kundenorientierung, im Umfang von etwa 300 Wörtern, mit klarer Gliederung in Aufgaben, Anforderungen und Unternehmensbeschreibung' war verblüffend. Plötzlich bekam ich Ergebnisse, die ich mit minimalen Anpassungen sofort verwenden konnte."

Die Formulierung effektiver Prompts ist keine Geheimwissenschaft, sondern eine erlernbare Fertigkeit. In den kommenden Abschnitten werden wir gemeinsam entdecken, wie Sie diese Fertigkeit systematisch aufbauen können, um das volle Potenzial von Copilot freizusetzen.

Ein häufiger Irrtum besteht darin, zu glauben, dass mehr Wörter automatisch zu besseren Ergebnissen führen. Ein guter Prompt ist nicht notwendigerweise lang, sondern präzise. Ein Projektmanager aus der Baubranche teilte mir mit: "Ich dachte anfangs, ich müsste Copilot minutiös jedes Detail erklären. Dann lernte ich, dass gezielt platzierte Schlüsselinformationen oft effektiver sind als ausschweifende Beschreibungen."

Die Kunst des Promptings umfasst auch das Verständnis typischer Fallstricke und wie man sie vermeidet. Vage Formulierungen, widersprüchliche Anweisungen oder unrealistische Erwartungen führen regelmäßig zu enttäuschenden Ergebnissen. In diesem Kapitel identifizieren wir diese Stolpersteine und zeigen konkrete Strategien zu ihrer Vermeidung.

Neben der theoretischen Grundlage konzentrieren wir uns auf praxisnahe Anwendungen, die Sie sofort in Ihren Arbeitsalltag integrieren können. Die Schönheit von Copilot liegt in seiner Vielseitigkeit – von der schnellen E-Mail-Beantwortung bis zur komplexen Datenanalyse, von der Zusammenfassung langer Dokumente bis zur Generierung kreativer Ideen.

Meine Klienten berichten regelmäßig von "Quick Wins", unmittelbaren Produktivitätsgewinnen, die sie motivieren, tiefer in die Copilot-Nutzung einzusteigen. Eine Teamleiterin aus dem Kundenservice erzählte: "Nachdem ich gelernt hatte, wie ich Copilot effektiv für die Beantwortung von Standard-Kundenanfragen nutzen kann, sparte ich etwa zwei Stunden täglich. Diese Zeit investiere ich jetzt in die Entwicklung meines Teams."

Ein zentraler Aspekt dieses Kapitels ist der Transfer von theoretischem Wissen in praktische Anwendung. Sie werden nicht nur lernen, wie ein guter Prompt strukturiert sein sollte, sondern auch anhand konkreter Beispiele sehen, wie Sie dieses Wissen in verschiedenen Microsoft 365-Anwendungen umsetzen können.

Das Erlernen effektiver Prompting-Techniken ähnelt dem Erlernen einer neuen Sprache. Am Anfang mag es ungewohnt und manchmal frustrierend sein, doch mit etwas Übung wird es zur zweiten Natur. Ein Finanzcontroller beschrieb seine Erfahrung so: "Nach etwa zwei Wochen regelmäßiger Nutzung konnte ich intuitiv gute Prompts formulieren. Heute denke ich kaum noch darüber nach, es fließt einfach."

Dieses Kapitel ist bewusst praxisorientiert gestaltet. Sie finden keine abstrakten Theorien, sondern bewährte Techniken, die ich in zahlreichen Copilot-Implementierungen erprobt habe. Mein Ziel ist es, Ihnen sofort anwendbares Wissen zu vermitteln, das Ihre tägliche Arbeit spürbar verbessert.

Die Reise zum Copilot-Experten beginnt mit den ersten erfolgreichen Prompts. Jedes positive Ergebnis baut Vertrauen auf und motiviert zum Weitermachen. Eine Marketingmanagerin teilte mir mit: "Mein erster wirklich erfolgreicher Prompt, der einen perfekt strukturierten Textentwurf lieferte, war wie ein Schlüsselerlebnis. Ab diesem Moment wusste ich, dass Copilot meine Arbeit revolutionieren würde."

Prompt-Engineering, wie das systematische Gestalten effektiver Prompts oft genannt wird, entwickelt sich aktuell zu einer Schlüsselkompetenz in der digitalen Arbeitswelt. Diejenigen, die diese Fertigkeit meistern, verschaffen sich einen bedeutenden Wettbewerbsvorteil. Sie werden nicht nur effizienter arbeiten, sondern auch Ergebnisse erzielen, die vorher unerreichbar schienen.

In den folgenden Abschnitten werden wir zunächst die Grundprinzipien des Promptings kennenlernen und dann spezifische Anwendungsfälle in verschiedenen Microsoft 365-Anwendungen erkunden. Von der E-Mail-Kommunikation in Outlook bis zur Datenanalyse in Excel, von der Dokumentenerstellung in Word bis zur Präsentationsgestaltung in PowerPoint – Sie werden lernen, wie Sie Copilot gezielt für Ihre täglichen Aufgaben einsetzen können.

Lassen Sie uns gemeinsam den Copilot-Motor starten und die Kraft effektiver Prompts entdecken!

2.1 DIE KUNST DES PROMPTINGS MEISTERN: KLARE ANWEISUNGEN FÜR PRÄZISE ERGEBNISSE GEBEN

2.1.1 GRUNDLEGENDE PROMPT-STRUKTUREN FÜR COPILOT ERLERNEN

"Wie formuliere ich das richtig?" Diese Frage stellen mir Teilnehmer in meinen Workshops immer wieder, wenn es um die Kommunikation mit Copilot geht. Ein gut strukturierter Prompt ist wie der Schlüssel zu einem Hochleistungsfahrzeug: Er bestimmt, wie kraftvoll und präzise die KI arbeitet. Während meiner Beratungstätigkeit habe ich beobachtet, dass viele Nutzer unnötig Zeit verschwenden, weil sie die grundlegenden Strukturen effektiver Prompts nicht kennen.

Der Unterschied zwischen einem mittelmäßigen und einem hervorragenden Prompt liegt in seiner Struktur. Ein präzise formulierter Prompt führt zu relevanten, nützlichen Ergebnissen, während vage Anweisungen oft unbrauchbare oder unbefriedigende Antworten liefern. Ein Teamleiter aus dem Finanzsektor beschrieb mir seine Erfahrung so: "Ich habe zwei Stunden damit verbracht, Copilot zu bitten, mir bei der Analyse unserer Quartalszahlen zu helfen, mit frustrierenden Ergebnissen. Nachdem Sie mir die richtige Prompt-Struktur gezeigt hatten, bekam ich in fünf Minuten genau das, was ich brauchte."

Betrachten wir die grundlegenden Bausteine eines effektiven Prompts für Microsoft 365 Copilot. Die meisten erfolgreichen Prompts folgen einer klaren Struktur, die ich als KRAM-Formel bezeichne:

- **Kontext**: Hintergrundinformationen zur Aufgabe oder Situation
- **Rolle**: Die Perspektive, aus der Copilot antworten soll

- **Aufgabe**: Die konkrete Anfrage oder Anweisung
- **Maßstab**: Parameter wie Umfang, Format, Stil oder Ton

Ein Marketingexperte eines Handelsunternehmens teilte mir mit: "Diese Struktur hat meine Copilot-Nutzung revolutioniert. Ich erhalte nun konsistent hochwertige Ergebnisse, die ich direkt verwenden kann."

Lassen Sie uns jeden dieser Bausteine im Detail betrachten:

Der Kontext-Baustein liefert Copilot die notwendigen Hintergrundinformationen, um Ihre Anfrage richtig zu verstehen. Ohne ausreichenden Kontext arbeitet Copilot im luftleeren Raum und muss Annahmen treffen, die möglicherweise nicht Ihren Vorstellungen entsprechen. Stellen Sie sich vor, Sie bitten Copilot, "eine E-Mail zu verfassen". Ohne weiteren Kontext könnte das Ergebnis völlig an Ihren Bedürfnissen vorbeigehen.

Ein guter Kontext-Baustein könnte so aussehen: "Wir haben letzte Woche ein neues CRM-System eingeführt. Einige Teammitglieder haben Schwierigkeiten bei der Umstellung und benötigen zusätzliche Unterstützung." Diese Informationen geben Copilot einen klaren Rahmen für die folgende Aufgabe.

Der Rollen-Baustein definiert, aus welcher Perspektive Copilot antworten soll. Dies kann besonders nützlich sein, wenn Sie spezifische Blickwinkel oder Fachexpertise benötigen. Sie können Copilot beispielsweise bitten, als Projektmanager, Marketingexperte oder Finanzanalyst zu antworten.

Eine Personalreferentin berichtete mir: "Wenn ich Copilot bitte, als erfahrener HR-Manager zu antworten, erhalte ich professionellere Formulierungen für meine Mitarbeitergespräche."

Ein typischer Rollen-Baustein könnte lauten: "Antworte in der Rolle eines erfahrenen IT-Trainers, der komplexe Sachverhalte einfach erklären kann." Diese Anweisung hilft Copilot, den richtigen Ton und die passende Fachtiefe zu finden.

Der Aufgaben-Baustein enthält die eigentliche Anweisung: Was soll Copilot konkret tun? Je klarer und spezifischer Ihre Aufgabenbeschreibung, desto zielgerichteter wird die Antwort sein. Vage Anweisungen wie "Schreib etwas über Excel" führen selten zu brauchbaren Ergebnissen.

Ein effektiver Aufgaben-Baustein könnte beispielsweise sein: "Erstelle eine Schritt-für-Schritt-Anleitung für die Einrichtung von automatischen E-Mail-Regeln in Outlook, die wichtige Nachrichten von bestimmten Absendern markieren und in spezifische Ordner verschieben."

Der Maßstab-Baustein legt fest, wie das Ergebnis aussehen soll. Hier definieren Sie Parameter wie Umfang, Format, Ton oder Detailtiefe. Dies ist besonders wichtig, wenn Sie spezifische Anforderungen an das Ausgabeformat haben.

Ein Controller beschrieb seinen Aha-Moment: "Als ich lernte, den gewünschten Umfang und das Format klar zu spezifizieren, konnte ich Copilot-Ergebnisse direkt in meine Berichte übernehmen, ohne sie umfangreich zu bearbeiten."

Ein typischer Maßstab-Baustein könnte so formulieren: "Die Anleitung sollte etwa 500 Wörter umfassen, in einem freundlichen, aber professionellen Ton verfasst sein und für Anfänger verständlich sein."

Lassen Sie uns diese Bausteine in einem Beispiel zusammenführen:

Kontext: Unser Team bearbeitet Kundenanfragen per E-Mail, und wir erhalten täglich ähnliche Fragen zu unseren Produktlieferzeiten.

Rolle: Antworte als erfahrener Kundenservicemitarbeiter mit freundlichem, lösungsorientiertem Ansatz.

Aufgabe: Erstelle eine Vorlage für eine E-Mail-Antwort auf die Frage "Wann wird meine Bestellung geliefert?"

Maßstab: Die Antwort sollte höflich, etwa 200 Wörter lang sein, verschiedene Lieferszenarien berücksichtigen und den Kunden zur Rückfrage ermutigen, falls weitere Informationen benötigt werden.

Die KRAM-Struktur ist nicht die einzige Möglichkeit, effektive Prompts zu formulieren. Je nach Anwendungsfall und persönlicher Präferenz können verschiedene Strukturen besser geeignet sein. Hier sind drei alternative Strukturen, die sich in meiner Beratungspraxis bewährt haben:

1. **Die ZVB-Methode (Ziel, Vorgaben, Beispiel)**

   - Ziel: Was soll erreicht werden?
   - Vorgaben: Welche Rahmenbedingungen gelten?
   - Beispiel: Ein konkretes Beispiel oder Muster zur Orientierung

2. **Die STAR-Methode (Situation, Task, Action, Result)**

   - Situation: Der Kontext oder die Umstände
   - Task: Die zu lösende Aufgabe
   - Action: Die gewünschte Vorgehensweise
   - Result: Das erwartete Ergebnis oder Format

3. **Die EKA-Methode (Erklärung, Kriterien, Anwendung)**

   - Erklärung: Beschreibung des Themas oder Problems
   - Kriterien: Spezifische Anforderungen oder Einschränkungen
   - Anwendung: Wie das Ergebnis verwendet werden soll

Eine Teamleiterin aus dem Marketing teilte ihre Erfahrung: "Je nach Aufgabe wechsle ich zwischen diesen Strukturen. Für kreative

Aufgaben funktioniert die EKA-Methode am besten, während die STAR-Methode hervorragende Ergebnisse bei analytischen Aufgaben liefert."

Unabhängig von der gewählten Struktur gibt es einige universelle Prinzipien für effektive Prompts, die ich allen meinen Klienten empfehle:

- **Spezifisch statt allgemein**: "Erstelle eine 5-Punkte-Agenda für unser wöchentliches Teammeeting zum Projektfortschritt" ist besser als "Mach eine Meeting-Agenda".

- **Aktiv statt passiv**: "Analysiere diese Excel-Daten und identifiziere Trends" funktioniert besser als "Die Daten sollten analysiert werden".

- **Beispiele einbauen**: "Formatiere diese Tabelle ähnlich wie [Beispiel einfügen]" gibt Copilot eine klare Vorstellung vom gewünschten Ergebnis.

- **Schrittweise vorgehen**: Bei komplexen Aufgaben kann es sinnvoll sein, Copilot in mehreren Schritten anzuleiten, statt alles in einem umfangreichen Prompt zu formulieren.

Ein Projektmanager aus der IT-Branche berichtete: "Die Einbeziehung konkreter Beispiele in meine Prompts hat die Qualität der Ergebnisse drastisch verbessert. Copilot versteht nun genau, was ich meine."

Wie bei jeder neuen Fertigkeit erfordert das Erstellen effektiver Prompts Übung. Ich habe bei meinen Klienten beobachtet, dass die folgenden Übungen besonders hilfreich sind, um die Prompt-Kompetenz zu entwickeln:

1. **Prompt-Variationen**: Formulieren Sie denselben Prompt auf drei verschiedene Arten und vergleichen Sie die Ergebnisse.

2. **Prompt-Erweiterung**: Beginnen Sie mit einem einfachen Prompt und erweitern Sie ihn schrittweise um zusätzliche Bausteine.

3. **Reverse Engineering**: Wenn Sie ein besonders gutes Ergebnis erhalten haben, analysieren Sie Ihren Prompt, um zu verstehen, warum er so gut funktioniert hat.

Eine Finanzanalystin beschrieb ihre Lernkurve: "Nach einer Woche gezielten Übens konnte ich meine Prompts so präzise formulieren, dass ich kaum noch Nachbesserungen vornehmen musste. Diese Zeitinvestition hat sich vielfach ausgezahlt."

Die Anpassung von Prompt-Strukturen an spezifische Microsoft 365-Anwendungen kann Ihre Ergebnisse weiter verbessern. Hier sind einige anwendungsspezifische Tipps:

- **Word**: Spezifizieren Sie Tonfall, Zielgruppe und Textstruktur für konsistente Dokumente.

- **Excel**: Beschreiben Sie den gewünschten Analysetyp und das Format der Ergebnisdarstellung.

- **PowerPoint**: Definieren Sie Zielgruppe, Hauptbotschaft und visuellen Stil für Ihre Präsentationen.

- **Outlook**: Geben Sie Kontext zur Vorgeschichte der E-Mail-Kommunikation und zum gewünschten Ton.

- **Teams**: Spezifizieren Sie, welche Aspekte eines Meetings oder einer Diskussion zusammengefasst werden sollen.

Eine IT-Leiterin teilte mit: "Die Anpassung meiner Prompt-Struktur an die jeweilige M365-Anwendung war ein Wendepunkt. Besonders in Excel erhalte ich nun genau die Analysen, die ich benötige."

Das Erlernen grundlegender Prompt-Strukturen ist keine einmalige Aufgabe, sondern ein kontinuierlicher

Verbesserungsprozess. Mit zunehmender Erfahrung werden Sie intuitiv verstehen, welche Struktur für welchen Anwendungsfall am besten geeignet ist.

Eine Rechtsanwältin berichtete von ihrer Erfahrung: "Am Anfang habe ich jede Prompt-Struktur bewusst angewendet. Nach einigen Wochen konnte ich meine Prompts fließend formulieren, ohne über die Struktur nachzudenken. Es wurde zu einer zweiten Natur."

Die Beherrschung grundlegender Prompt-Strukturen ist der erste Schritt zu einer produktiven Partnerschaft mit Microsoft 365 Copilot. Im nächsten Abschnitt werden wir uns damit beschäftigen, wie Sie typische Fehler beim Prompting vermeiden und Ihre Ergebnisse weiter optimieren können.

2.1.2 Typische Fehler beim Prompting vermeiden und Ergebnisse optimieren

"Ich habe alles genauestens angegeben, aber Copilot liefert trotzdem nicht das gewünschte Ergebnis." Diese Klage höre ich oft in meinen Workshops. Ein Marketingleiter aus der Automobilbranche gestand mir kürzlich: "Nach mehreren frustrierenden Versuchen war ich kurz davor, Copilot komplett aufzugeben." Seine Erfahrung ist keine Seltenheit. Der Weg zur Meisterschaft führt unweigerlich über das Erkennen und Überwinden typischer Fallstricke beim Prompting.

Die Identifikation häufiger Fehler bildet einen entscheidenden Schritt auf Ihrer Copilot-Reise. Meine jahrelange Beratungserfahrung hat gezeigt, dass selbst erfahrene Nutzer immer wieder in dieselben Fallen tappen. Das Gute daran: Sobald Sie diese Muster erkennen, können Sie sie gezielt vermeiden und Ihre Ergebnisse dramatisch verbessern.

Beginnen wir mit den klassischen Stolpersteinen, die ich bei meinen Klienten am häufigsten beobachte:

- **Zu vage Anweisungen**: "Erstelle einen Bericht" statt "Erstelle einen zweiseitigen Quartalsbericht zur Umsatzentwicklung unserer drei Produktlinien mit besonderem Fokus auf regionale Unterschiede"
- **Mangelnder Kontext**: Fehlende Hintergrundinformationen, die Copilot benötigt, um relevante Verbindungen herzustellen
- **Unklare Zielvorstellung**: Keine präzise Definition dessen, was das Endergebnis leisten soll
- **Widersprüchliche Anweisungen**: Gleichzeitige Forderung nach Kürze und umfassender Detailtiefe
- **Unrealistische Erwartungen**: Die Annahme, Copilot könne ohne spezifische Anleitung genau wissen, was Sie benötigen

Eine Personalreferentin aus dem Gesundheitswesen beschrieb ihre Erkenntnis: "Ich habe Copilot gebeten, 'eine gute Stellenausschreibung' zu erstellen. Das Ergebnis war generisch und unbrauchbar. Als ich spezifizierte, für welche Position, mit welchen Anforderungen und in welchem Stil die Ausschreibung sein sollte, erhielt ich ein hervorragendes Ergebnis."

Der erste zentrale Fehler beim Prompting ist die mangelnde Spezifität. Viele Nutzer formulieren ihre Anfragen zu allgemein und wundern sich dann über unbefriedigende Ergebnisse. Stellen Sie sich vor, Sie betreten ein Restaurant und bestellen einfach "Essen" – die Wahrscheinlichkeit, genau das zu bekommen, was Sie sich vorstellen, ist verschwindend gering.

Um diesen Fehler zu vermeiden, praktizieren Sie das Prinzip der maximalen Spezifität:

1. **Definieren Sie das genaue Format**: Geben Sie Umfang, Struktur und Gliederung an
2. **Spezifizieren Sie den Kontext**: Erläutern Sie den Hintergrund und relevante Zusammenhänge

3. **Klären Sie den Zweck**: Erklären Sie, wofür Sie das Ergebnis verwenden möchten
4. **Nennen Sie die Zielgruppe**: Beschreiben Sie, für wen der Inhalt bestimmt ist
5. **Legen Sie den Ton fest**: Definieren Sie, ob formal, informell, technisch oder einfach

Ein Controller berichtete mir: "Der Unterschied zwischen 'Analysiere diese Daten' und 'Analysiere diese Vertriebsdaten nach Regionen und erstelle eine übersichtliche Tabelle mit den Top-3-Produkten pro Region sowie einem kurzen erläuternden Text für die Geschäftsführung' war wie Tag und Nacht."

Der zweite kritische Fehler betrifft die Fokussierung auf das Tool statt auf das Ergebnis. Viele Nutzer konzentrieren sich zu sehr auf Copilot selbst, anstatt ihr gewünschtes Endergebnis klar zu definieren. Sie fragen: "Wie kann ich Copilot nutzen, um...?" statt "Ich benötige ein Ergebnis, das folgende Kriterien erfüllt..."

Diese ergebnisorientierte Herangehensweise führt zu deutlich besseren Resultaten:

- **Beschreiben Sie das gewünschte Endergebnis**: Was soll nach der Bearbeitung vorliegen?
- **Definieren Sie Qualitätskriterien**: Woran messen Sie ein gutes Ergebnis?
- **Geben Sie Beispiele**: Zeigen Sie, was Sie als gelungen betrachten würden
- **Erklären Sie den Zweck**: Wofür wird das Ergebnis verwendet?
- **Spezifizieren Sie etwaige Einschränkungen**: Welche Grenzen oder Rahmenbedingungen sind zu beachten?

Ein Projektmanager teilte seine Erfahrung: "Anstatt Copilot zu fragen, wie er mir bei der Erstellung einer Projektplanung helfen kann, habe ich konkret beschrieben, welche Art von Projektplan ich benötige. Die Qualität der Antwort stieg sofort dramatisch an."

Der dritte verbreitete Fehler ist das Ignorieren iterativer Verbesserungen. Viele Nutzer geben nach dem ersten unbefriedigenden Ergebnis auf, anstatt den Dialog mit Copilot fortzusetzen und die Antwort schrittweise zu verfeinern.

Die Kunst des iterativen Promptings umfasst diese Aspekte:

1. **Starten Sie mit einem Basis-Prompt**: Beginnen Sie mit einer klaren, aber noch nicht übermäßig komplexen Anfrage
2. **Evaluieren Sie das Ergebnis**: Identifizieren Sie, was gut funktioniert und was verbessert werden sollte
3. **Geben Sie spezifisches Feedback**: Erklären Sie genau, was Sie anders haben möchten
4. **Verfeinern Sie schrittweise**: Bauen Sie auf der vorherigen Antwort auf, anstatt komplett neu zu beginnen
5. **Experimentieren Sie mit Variationen**: Testen Sie unterschiedliche Formulierungen für ähnliche Anfragen

Eine Marketingmanagerin beschrieb ihren Lernprozess: "Anfangs war ich enttäuscht, wenn Copilot nicht sofort lieferte. Dann begann ich, Feedback zu geben wie 'Das geht in die richtige Richtung, aber kannst du den Teil X konkreter ausarbeiten und mehr auf Y eingehen?' Die Ergebnisse wurden mit jeder Iteration besser."

Der vierte kritische Fehlerbereich betrifft die mangelnde Anpassung an die spezifische M365-Anwendung. Viele Nutzer verwenden denselben Prompt-Stil in Word, Excel, PowerPoint und anderen Anwendungen, ohne die unterschiedlichen Funktionsweisen zu berücksichtigen.

Um dieses Problem zu vermeiden, sollten Sie Ihre Prompts anwendungsspezifisch optimieren:

- **Word**: Betonen Sie strukturelle Elemente, Tonfall und Zielgruppe
- **Excel**: Fokussieren Sie auf Datentypen, gewünschte Analysen und Darstellungsformen

- **PowerPoint**: Spezifizieren Sie Zielgruppe, Kernbotschaften und visuellen Stil
- **Outlook**: Geben Sie Kontext zum E-Mail-Verlauf und zur Beziehung mit dem Empfänger
- **Teams**: Definieren Sie klar, welche Aspekte einer Besprechung oder Diskussion verarbeitet werden sollen

Ein IT-Leiter teilte mit: "Ich habe gelernt, dass ein guter Prompt für Excel völlig anders aussieht als für PowerPoint. In Excel betone ich Datenstrukturen und Analysetypen, während ich in PowerPoint mehr auf das Storytelling und die visuelle Präsentation achte."

Der fünfte typische Fehler ist die Verwendung fachspezifischen Jargons ohne ausreichende Erklärung. Besonders in spezialisierten Branchen tendieren Nutzer dazu, branchenspezifische Begriffe zu verwenden, ohne diese zu erläutern.

Um diesen Fallstrick zu umgehen, empfehle ich:

1. **Definieren Sie Fachbegriffe**: Erklären Sie branchenspezifische Terminologie
2. **Verwenden Sie Beispiele**: Illustrieren Sie abstrakte Konzepte mit konkreten Beispielen
3. **Erläutern Sie Abkürzungen**: Schreiben Sie Akronyme aus oder erklären Sie deren Bedeutung
4. **Bieten Sie Kontext**: Geben Sie Hintergrundinformationen zu fachspezifischen Konzepten
5. **Prüfen Sie die Verständlichkeit**: Fragen Sie Copilot, ob er Ihr Anliegen verstanden hat

Eine Rechtsanwältin berichtete: "Als ich Copilot bat, einen Vertragsentwurf zu analysieren, erhielt ich oberflächliche Ergebnisse. Als ich juristische Fachbegriffe erläuterte und den spezifischen Kontext des Vertrags erklärte, bekam ich eine fundierte und nutzbare Analyse."

Nach der Identifikation der häufigsten Fehler kommen wir nun zu konkreten Optimierungsstrategien. Diese bewährten Techniken helfen Ihnen, Ihre Prompts systematisch zu verbessern:

Die SEEPES-Methode hat sich in meinen Workshops als besonders effektiv erwiesen:

- **S**pezifisch: Formulieren Sie Ihre Anfrage so präzise wie möglich
- **E**rgebnisorientiert: Beschreiben Sie das gewünschte Endergebnis klar
- **E**infach: Vermeiden Sie unnötige Komplexität in der Formulierung
- **P**ersonalisiert: Passen Sie den Prompt an Ihren spezifischen Kontext an
- **E**xemplarisch: Geben Sie Beispiele für gewünschte Ergebnisse
- **S**trukturiert: Gliedern Sie komplexe Anfragen in logische Teile

Ein Finanzcontroller teilte seine Erfahrung: "Die SEEPES-Methode hat meine Prompt-Qualität revolutioniert. Besonders das Hinzufügen von Beispielen für gewünschte Ergebnisse brachte einen enormen Qualitätssprung."

Eine weitere wirkungsvolle Strategie ist das Prompt-Testing. Experimentieren Sie systematisch mit verschiedenen Formulierungen und vergleichen Sie die Ergebnisse. Führen Sie ein Prompt-Tagebuch, in dem Sie erfolgreiche und weniger erfolgreiche Formulierungen dokumentieren.

Meine Klienten berichten regelmäßig von Durchbrüchen durch diesen methodischen Ansatz. Eine Produktmanagerin erzählte: "Nach zwei Wochen systematischen Testens hatte ich eine Sammlung von Muster-Prompts für meine häufigsten Aufgaben. Diese Investition zahlt sich täglich aus."

Die dritte wirksame Optimierungsstrategie ist die bewusste Nutzung von Prompt-Mustern. Bestimmte sprachliche Konstruktionen führen konsistent zu besseren Ergebnissen. Dazu gehören:

- **Die "Als ob"-Konstruktion**: "Beantworte diese Frage, als ob du ein Experte für XY wärst"
- **Die "Schritt-für-Schritt"-Anweisung**: "Erkläre in detaillierten Schritten, wie man XY erreicht"
- **Die "Zielgruppen"-Spezifikation**: "Erstelle einen Text für XY, der für Zielgruppe Z verständlich ist"
- **Die "Format"-Vorgabe**: "Präsentiere das Ergebnis in Form einer Tabelle/Liste/eines strukturierten Textes"
- **Die "Beispiel"-Technik**: "Hier ist ein Beispiel für das gewünschte Format: [...]. Erstelle etwas Ähnliches für XY"

Ein Abteilungsleiter aus dem Logistikbereich teilte mit: "Die 'Als ob'-Konstruktion hat meine Ergebnisse transformiert. Wenn ich Copilot bitte, als Experte für Lieferkettenoptimierung zu antworten, erhalte ich fundierte, praxisnahe Analysen statt allgemeiner Informationen."

Die vierte Optimierungsstrategie betrifft den bewussten Umgang mit Einschränkungen. Definieren Sie klar, was Copilot vermeiden oder besonders berücksichtigen soll:

- **Ausschlusskriterien**: "Berücksichtige nicht XY"
- **Priorisierungsvorgaben**: "Lege besonderen Wert auf XY"
- **Stilistische Einschränkungen**: "Vermeide den Gebrauch von XY"
- **Faktische Grenzen**: "Beschränke die Analyse auf den Zeitraum XY"
- **Zielgruppenfokus**: "Richte den Inhalt speziell an XY"

Eine Kommunikationsmanagerin berichtete: "Die bewusste Formulierung von Einschränkungen hat die Genauigkeit meiner

Ergebnisse deutlich verbessert. Indem ich Copilot sage, was er explizit nicht tun soll, erhalte ich viel zielgerichtetere Antworten."

Der Prozess der Prompt-Optimierung ist keine einmalige Aufgabe, sondern eine kontinuierliche Reise. Mit jedem erfolgreichen oder weniger erfolgreichen Prompt lernen Sie dazu und verfeinern Ihre Technik. Ein CIO beschrieb mir seinen Weg: "Nach drei Monaten intensiver Nutzung kann ich Prompts formulieren, die zu 90% direkt zum gewünschten Ergebnis führen. Diese Fähigkeit ist zu einer meiner wertvollsten beruflichen Kompetenzen geworden."

Durch das bewusste Vermeiden typischer Fehler und die Anwendung gezielter Optimierungsstrategien werden Sie Ihre Copilot-Ergebnisse signifikant verbessern. Sie entwickeln eine intuitive Fähigkeit, effektive Prompts zu formulieren, die präzise auf Ihre Bedürfnisse zugeschnitten sind.

2.2 SCHNELLE GEWINNE REALISIEREN: COPILOT FÜR ALLTÄGLICHE AUFGABEN SOFORT NUTZEN

2.2.1 E-MAILS UND DOKUMENTE MIT COPILOT IN OUTLOOK UND WORD BESCHLEUNIGEN

Die morgendliche E-Mail-Flut bewältigen oder schnell ein professionelles Dokument erstellen – genau hier liegen die ersten greifbaren Vorteile von Microsoft 365 Copilot. In meiner Beratungspraxis erlebe ich immer wieder, wie Klienten regelrecht aufatmen, wenn sie zum ersten Mal erleben, wie Copilot ihnen diese alltäglichen, aber zeitraubenden Aufgaben abnimmt. "Ich hätte nie gedacht, dass ich zwei Stunden meines Arbeitstages zurückgewinnen kann", berichtete mir eine Teamleiterin aus dem Finanzsektor nach nur einer Woche Copilot-Nutzung.

E-Mail-Management stellt für viele Fach- und Führungskräfte einen erheblichen Zeitfaktor dar. Studien zeigen, dass der durchschnittliche Büroangestellte etwa 28% seiner Arbeitszeit mit E-Mails verbringt – das sind bei einer 40-Stunden-Woche mehr als 11 Stunden! Genau hier setzt Copilot in Outlook an und bietet konkrete Zeitersparnisse durch intelligente Unterstützung.

Die Nutzung von Copilot für die E-Mail-Kommunikation beginnt mit dem Verfassen neuer Nachrichten. Statt bei Null anzufangen, können Sie Copilot anweisen, einen ersten Entwurf zu erstellen. Meine Empfehlung für effektive Prompts beim E-Mail-Verfassen:

- **Vollständiger Kontext**: "Erstelle eine E-Mail an unser Vertriebsteam bezüglich der neuen Produktlinie, die nächsten Monat eingeführt wird. Betone die wichtigsten Verkaufsargumente und bitte um Feedback zu den Schulungsunterlagen."

- **Tonfall-Spezifikation**: "Der Ton sollte professionell, aber motivierend sein, da das Team kürzlich die Quartalsziele übertroffen hat."
- **Längenangabe**: "Die E-Mail sollte prägnant sein, etwa 10-12 Sätze."

Ein Vertriebsleiter aus dem Automobilzulieferbereich teilte mir mit: "Mit dieser Methode spare ich bei jeder wichtigen E-Mail mindestens 10 Minuten, da ich nur noch feinschleifen muss, statt komplett neu zu schreiben."

Besonders wertvoll ist Copilot beim Beantworten komplexer E-Mails. Die Funktion "Antwort vorschlagen" analysiert nicht nur die eingegangene Nachricht, sondern berücksichtigt auch den historischen Kontext der Kommunikation. Um dieses Feature optimal zu nutzen, empfehle ich folgende Vorgehensweise:

1. **Analysieren Sie die eingegangene E-Mail** und identifizieren Sie die Kernpunkte, die beantwortet werden müssen
2. **Geben Sie Copilot spezifische Anweisungen** zur Tonalität und zum Detailgrad der Antwort
3. **Überprüfen und personalisieren Sie den Vorschlag**, um sicherzustellen, dass alle Nuancen korrekt erfasst wurden
4. **Ergänzen Sie bei Bedarf persönliche Elemente**, die die Beziehung zum Empfänger stärken

Eine Projektmanagerin berichtete: "Früher brauchte ich für komplexe Antworten an Stakeholder oft 30 Minuten. Mit Copilot erstelle ich in 5 Minuten eine fundierte Antwort und kann mich auf die inhaltliche Qualität konzentrieren."

Eine weitere Zeitersparnis bietet Copilot durch die automatische Zusammenfassung langer E-Mail-Threads. Bei umfangreichen Diskussionen mit vielen Beteiligten verliert man leicht den Überblick. Mit einem gezielten Prompt wie "Fasse den E-Mail-Verlauf zusammen und hebe die wichtigsten

Entscheidungen und offenen Punkte hervor" erhalten Sie in Sekundenschnelle eine strukturierte Übersicht.

Die Power von Copilot in Word eröffnet ähnlich beeindruckende Möglichkeiten zur Zeitersparnis bei der Dokumentenerstellung. Basierend auf meiner Erfahrung mit Hunderten von Anwendern empfehle ich diese Einstiegspunkte für sofortige Produktivitätsgewinne:

- **Dokumententwürfe generieren**: Lassen Sie Copilot einen ersten Entwurf basierend auf Ihren Vorgaben erstellen, sei es ein Projektplan, eine Stellenbeschreibung oder ein Vertragsentwurf
- **Inhalte umschreiben oder verbessern**: Nutzen Sie Copilot, um bestehende Texte zu optimieren, zu kürzen oder zu erweitern
- **Formatierung automatisieren**: Überlassen Sie die Formatierung und Strukturierung Copilot, um konsistente, professionell aussehende Dokumente zu erstellen

Ein Rechtsanwalt aus meinem Klientenkreis schilderte seinen Aha-Moment: "Die Erstellung von Standardverträgen hat früher Stunden gedauert. Mit Copilot gebe ich die Eckpunkte ein und erhalte einen strukturierten Entwurf, den ich nur noch juristisch prüfen und anpassen muss. Das spart mir etwa 70% der Zeit."

Bei der Erstellung von Dokumententwürfen mit Copilot in Word hat sich diese Prompt-Struktur als besonders effektiv erwiesen:

1. **Dokumenttyp definieren**: "Erstelle ein [Dokumenttyp, z.B. Projektplan, Bericht, Protokoll]"
2. **Inhaltliche Anforderungen spezifizieren**: "Das Dokument soll folgende Aspekte behandeln: [Liste der wichtigsten Inhalte]"
3. **Formale Kriterien angeben**: "Verwende eine klare Struktur mit Überschriften, Unterabschnitten und Aufzählungen"

4. **Tonalität und Stil festlegen**: "Der Stil sollte [formell/informell, technisch/allgemeinverständlich] sein und für [Zielgruppe] geeignet sein"

Die Qualität des generierten Dokuments hängt maßgeblich von der Präzision Ihres Prompts ab. Ein Marketingleiter beschrieb seine Erfahrung so: "Je detaillierter meine Anweisungen, desto weniger Nacharbeit ist nötig. Mit etwas Übung erreiche ich inzwischen eine Trefferquote von etwa 80% beim ersten Versuch."

Eine besonders zeitsparende Anwendung von Copilot in Word ist das Zusammenfassen umfangreicher Dokumente. Ob ein 30-seitiger Forschungsbericht oder eine ausführliche Marktanalyse, mit einem gezielten Prompt wie "Fasse dieses Dokument auf eine Seite zusammen und strukturiere es nach den Hauptthemen" erhalten Sie eine kompakte Übersicht, die Ihnen stundenlange Lesezeit erspart.

Die Integration von Copilot in Ihre täglichen E-Mail- und Dokumenten-Workflows erfolgt am besten schrittweise. Ich empfehle diesen Ansatz für die ersten Wochen:

- **Woche 1**: Beginnen Sie mit einfachen E-Mail-Antworten und kurzen Dokumentenentwürfen
- **Woche 2**: Erweitern Sie auf komplexere E-Mails und längere Dokumente, experimentieren Sie mit verschiedenen Prompt-Variationen
- **Woche 3**: Integrieren Sie fortgeschrittene Funktionen wie Zusammenfassungen und Umformulierungen
- **Woche 4**: Entwickeln Sie persönliche Prompt-Vorlagen für wiederkehrende Aufgaben

Ein CIO eines mittelständischen Unternehmens teilte seine Erfahrung: "Nach einem Monat systematischer Nutzung hatte jeder in unserem Führungsteam seine persönlichen 'Copilot-Shortcuts' entwickelt. Die kumulierte Zeitersparnis im Unternehmen schätzen wir auf 20-25 Stunden pro Mitarbeiter und Monat."

Die Kombination von Copilot in Outlook und Word bietet besondere Synergien. Sie können beispielsweise Inhalte aus Word-Dokumenten direkt in E-Mails integrieren oder umgekehrt E-Mail-Inhalte in Dokumente überführen. Ein effektiver Prompt hierfür: "Extrahiere die wichtigsten Informationen aus dieser E-Mail-Diskussion und erstelle ein strukturiertes Dokument mit Entscheidungen, offenen Punkten und nächsten Schritten."

Bei aller Begeisterung für die Zeitersparnis ist es wichtig, den menschlichen Faktor nicht zu vergessen. Eine Führungskraft aus dem Gesundheitswesen warnte: "Bei sensiblen oder sehr persönlichen Kommunikationen überarbeite ich Copilot-Entwürfe immer gründlich und füge persönliche Elemente hinzu, um Authentizität zu gewährleisten."

Die erzielbare Zeitersparnis durch Copilot variiert je nach Anwendungsfall und individueller Arbeitsweise. Basierend auf meinen Projekterfahrungen ergeben sich typischerweise folgende Effizienzgewinne:

- **Standard-E-Mails**: 50-70% Zeitersparnis
- **Komplexe E-Mails**: 30-50% Zeitersparnis
- **Einfache Dokumente**: 60-80% Zeitersparnis
- **Komplexe Dokumente**: 40-60% Zeitersparnis

Diese Zeitgewinne summieren sich schnell zu mehreren Stunden pro Woche, die Sie für strategische, kreative oder zwischenmenschliche Aspekte Ihrer Arbeit nutzen können.

Die Nutzung von Copilot für E-Mails und Dokumente stellt einen idealen Einstiegspunkt in die KI-unterstützte Arbeitsweise dar. Die Lernkurve ist moderat, die Erfolgserlebnisse stellen sich schnell ein, und die gewonnene Zeit macht sich sofort bemerkbar. Mit jedem erfolgreichen Prompt wächst Ihr Vertrauen in die Technologie und Ihre Fähigkeit, komplexere Anwendungsfälle zu erschließen.

Ein Projektleiter fasste seine Erfahrung treffend zusammen: "Mit Copilot in Outlook und Word habe ich den Einstieg in die KI-Revolution gefunden. Jetzt kann ich mir meinen Arbeitsalltag ohne diese Unterstützung nicht mehr vorstellen."

2.2.2 INFORMATIONEN UND ZUSAMMENFASSUNGEN MITHILFE VON COPILOT EFFIZIENT GENERIEREN

Jeder Wissensarbeiter kennt die Herausforderung: Eine Flut von Informationen prasselt täglich auf uns ein. Lange Berichte, ausufernde Meetings, komplexe Dokumente und nie endende Recherchen rauben wertvolle Zeit. In meiner Beratungspraxis höre ich regelmäßig Klagen wie diese: "Ich verbringe mehr Zeit damit, Informationen zu sichten und zusammenzufassen als mit den eigentlichen Schlussfolgerungen zu arbeiten." Genau hier zeigt sich eine der beeindruckendsten Stärken von Microsoft 365 Copilot: die Fähigkeit, Informationen zu verdichten und aufzubereiten.

Die effiziente Informationsverarbeitung gehört zu den sofort nutzbaren Vorteilen von Copilot, die ohne lange Einarbeitungszeit greifbare Ergebnisse liefern. Eine Teamleiterin aus dem Finanzsektor berichtete mir: "Nachdem ich gelernt hatte, wie man Zusammenfassungen mit Copilot erstellt, gewann ich durchschnittlich 45 Minuten pro Tag zurück. Diese Zeit investiere ich jetzt in strategische Aufgaben."

Um diese Zeiteinsparung selbst zu realisieren, beginnen wir mit den grundlegenden Zusammenfassungsfunktionen von Copilot. Die KI kann fast jede Art von Textinformation kondensieren, sei es ein langes Dokument, ein ausführlicher E-Mail-Verlauf oder sogar Transkripte von Meetings. Für optimale Ergebnisse empfehle ich diese bewährten Prompt-Formate:

- **Basisformat für Zusammenfassungen**: "Fasse [Dokumenttyp] zusammen und hebe die wichtigsten Punkte hervor."
- **Format mit Längenangabe**: "Erstelle eine Zusammenfassung von [Dokumenttyp] in etwa 300 Wörtern."
- **Format mit Strukturvorgabe**: "Fasse [Dokumenttyp] in Form einer Gliederung mit Hauptpunkten und Unterpunkten zusammen."
- **Format mit Fokussierung**: "Fasse [Dokumenttyp] mit besonderem Fokus auf [spezifisches Thema/Aspekt] zusammen."
- **Format für Entscheidungsvorbereitung**: "Fasse [Dokumenttyp] zusammen und stelle die Vor- und Nachteile der vorgestellten Optionen gegenüber."

Ein Unternehmensberater aus meinem Netzwerk schwört auf diesen Ansatz: "Für Marktanalysen mit oft hunderten Seiten beauftrage ich Copilot, mir eine strukturierte Zusammenfassung mit besonderem Fokus auf Wettbewerbsanalyse zu erstellen. Das reduziert meinen Zeitaufwand drastisch und ich kann schneller zum Kern der Sache vordringen."

Besonders nützlich ist die Zusammenfassungsfunktion in Microsoft Teams. Nach einer Besprechung kann Copilot automatisch eine Zusammenfassung erstellen, die Kernpunkte herausarbeitet und Aktionspunkte identifiziert. Um diese Funktion optimal zu nutzen, empfehle ich folgende Vorgehensweise:

1. **Aktivieren Sie die Aufzeichnung und Transkription** des Meetings in Teams
2. **Geben Sie nach dem Meeting einen gezielten Prompt** wie "Erstelle eine strukturierte Zusammenfassung des Meetings mit allen wichtigen Entscheidungen und Aktionspunkten"
3. **Prüfen und bearbeiten Sie die generierte Zusammenfassung** nach Bedarf

4. **Teilen Sie das Ergebnis** mit allen Teilnehmern als
   offizielles Protokoll

Eine Produktmanagerin beschrieb mir den Wert dieser Funktion:
"Früher verbrachte ich nach jedem Meeting 30 Minuten damit,
meine Notizen zu strukturieren und ein Protokoll zu verfassen. Mit
Copilot erledige ich das in 5 Minuten, wobei die Qualität sogar
besser ist, da nichts Wichtiges verloren geht."

Die Informationsextraktion aus Dokumenten stellt eine weitere
unmittelbare Anwendungsmöglichkeit dar. Statt ein umfangreiches
Dokument vollständig zu lesen, können Sie Copilot gezielt nach
spezifischen Informationen fragen. Diese Strategie eignet sich
hervorragend für:

- **Verträge und rechtliche Dokumente**: "Extrahiere alle
  Fristen und Verpflichtungen aus diesem Vertrag."
- **Forschungsberichte**: "Identifiziere die wichtigsten
  Erkenntnisse und Methodikeinschränkungen in diesem
  Forschungsbericht."
- **Technische Dokumentationen**: "Fasse die
  Systemanforderungen und Installationsschritte aus diesem
  Handbuch zusammen."
- **Finanzberichte**: "Extrahiere die wichtigsten
  Finanzkennzahlen und ihre Entwicklung im Vergleich zum
  Vorjahr."
- **Strategiedokumente**: "Identifiziere die strategischen
  Prioritäten und geplanten Maßnahmen in diesem
  Dokument."

Ein Rechtsanwalt aus meiner Klientel berichtete: "Die Fähigkeit,
aus komplexen Vertragswerken gezielt Informationen zu
extrahieren, hat meine Due-Diligence-Prozesse revolutioniert. Was
früher Tage dauerte, erledige ich jetzt in Stunden."

Die Recherchefunktion von Copilot ermöglicht es, Informationen
nicht nur zu verdichten, sondern auch zu erweitern. Sie können

Copilot bitten, zu einem bestimmten Thema zusätzliche Informationen zu recherchieren und diese in einem strukturierten Format zu präsentieren. Effektive Prompts für die Informationsrecherche folgen diesem Muster:

- **Thematische Recherche**: "Recherchiere die aktuellen Trends im Bereich [Thema] und erstelle eine Übersicht."
- **Vergleichende Recherche**: "Vergleiche die verschiedenen Ansätze zu [Thema] und stelle ihre Vor- und Nachteile gegenüber."
- **Erweiternde Recherche**: "Erweitere die Informationen in diesem Dokument zum Thema [Thema] mit zusätzlichen relevanten Fakten und Daten."
- **Kontextualisierende Recherche**: "Setze die Informationen in diesem Dokument in einen breiteren Kontext und erkläre die Zusammenhänge."
- **Aktualisierende Recherche**: "Prüfe, ob die Informationen in diesem Dokument noch aktuell sind, und ergänze sie bei Bedarf."

Eine Marketing-Direktorin teilte ihre Erfahrung: "Für Wettbewerbsanalysen nutze ich Copilot, um die Informationen aus verschiedenen Quellen zu konsolidieren und Lücken zu füllen. Das gibt mir einen vollständigeren Überblick in einem Bruchteil der Zeit."

Besonders wirkungsvoll ist die Kombination verschiedener Copilot-Funktionen. Die Verbindung von Zusammenfassung, Extraktion und Recherche ermöglicht einen kompletten Informationsverarbeitungszyklus:

1. **Zusammenfassen** eines komplexen Dokuments oder mehrerer Quellen
2. **Extrahieren** spezifischer, relevanter Informationen
3. **Recherchieren** zusätzlicher Kontext- oder Hintergrundinformationen

4. **Kombinieren** aller Informationen in einem neuen, maßgeschneiderten Format

Ein CIO beschrieb seinen Workflow: "Ich lasse Copilot zunächst mehrere Technologieberichte zusammenfassen, dann extrahiere ich die für uns relevanten Technologietrends, recherchiere deren Anwendbarkeit in unserer Branche und lasse schließlich alles in einer Entscheidungsvorlage für das Management zusammenführen."

Die Qualität der generierten Informationen hängt maßgeblich von der Qualität Ihrer Prompts ab. Basierend auf meiner Erfahrung empfehle ich folgende Strategien zur Optimierung von Informations-Prompts:

- **Spezifizieren Sie das gewünschte Format**: "Erstelle eine tabellarische Übersicht" oder "Präsentiere die Informationen als Mindmap"
- **Definieren Sie den Detailgrad**: "Fasse auf strategischer Ebene zusammen" oder "Gehe ins Detail bei technischen Spezifikationen"
- **Geben Sie Kontextinformationen**: "Diese Zusammenfassung dient der Vorbereitung einer Vorstandsentscheidung" oder "Diese Information wird für die technische Implementierung benötigt"
- **Setzen Sie Prioritäten**: "Lege besonderen Wert auf Kostenaspekte und Zeitplanung" oder "Priorisiere Kundennutzen und Marktpotenzial"
- **Spezifizieren Sie die Zielgruppe**: "Die Zusammenfassung soll für ein technisch versiertes Publikum verständlich sein" oder "Bereite die Information für Nicht-Experten auf"

Ein Projektmanager berichtete: "Seit ich gelernt habe, den Kontext und die Zielgruppe in meinen Prompts zu spezifizieren, liefert Copilot Zusammenfassungen, die ich direkt an die entsprechenden Stakeholder weitergeben kann, ohne nacharbeiten zu müssen."

Ein weiterer Produktivitätsbooster ist die Fähigkeit von Copilot, Informationen zwischen verschiedenen Formaten zu konvertieren. Die KI kann beispielsweise:

- Fließtext in Aufzählungspunkte oder Tabellen umwandeln
- Tabellarische Daten in beschreibenden Text überführen
- Komplexe Konzepte in visuelle Darstellungen übersetzen
- Technische Informationen in allgemeinverständliche Sprache übertragen
- Lange Ausführungen in prägnante Kernaussagen kondensieren

Eine Finanzanalystin teilte mit: "Ich lasse Copilot regelmäßig Finanzdaten aus Tabellen in verständliche Narrative für das Management umwandeln. Das spart mir Stunden an Arbeit und die Ergebnisse sind konsistent besser strukturiert als meine früheren manuellen Berichte."

Die zeitliche Dimension von Informationsverarbeitung sollte nicht unterschätzt werden. Mit Copilot können Sie Informationen nicht nur im Raum, sondern auch in der Zeit organisieren. Beispielsweise können Sie:

- Historische Entwicklungen aus einer Dokumentenreihe extrahieren
- Zukunftsprognosen basierend auf aktuellen Trends erstellen lassen
- Zeitliche Muster in Datenreihen identifizieren
- Entwicklungsverläufe visualisieren
- Roadmaps und Zeitpläne aus textuellen Beschreibungen generieren

Ein Strategieberater beschrieb seinen Ansatz: "Ich lasse Copilot Quartalsberichte über mehrere Jahre analysieren und die Entwicklung wichtiger KPIs in einer übersichtlichen Zeitreihe darstellen. Das gibt mir in Minuten Einblicke, für die ich früher Tage brauchte."

Für Teamkontexte bietet Copilot besonders wertvolle Funktionen zur kollaborativen Informationsverarbeitung. Die KI kann:

- Meeting-Diskussionen für abwesende Teammitglieder zusammenfassen
- Übereinstimmungen und Differenzen in verschiedenen Standpunkten identifizieren
- Entscheidungsgrundlagen auf Basis unterschiedlicher Inputs erstellen
- Gemeinsames Wissen strukturieren und zugänglich machen
- Informationssilos durch intelligente Verknüpfung überwinden

Eine Teamleiterin aus dem Gesundheitswesen berichtete: "In unserem interdisziplinären Team nutzen wir Copilot, um die verschiedenen Fachperspektiven zu einer ganzheitlichen Patientenübersicht zusammenzuführen. Das verbessert nicht nur unsere Effizienz, sondern auch die Behandlungsqualität."

Die unmittelbare Anwendung dieser Informationsverarbeitungsfunktionen in Ihrem Arbeitsalltag erfordert keine komplexe Vorbereitung oder tiefes technisches Verständnis. Starten Sie mit diesen einfachen Schritten:

1. **Identifizieren Sie Ihre größten Informations-Schmerzpunkte**: Wo verbringen Sie am meisten Zeit mit Informationsverarbeitung?
2. **Formulieren Sie einen passenden Basis-Prompt**: Wählen Sie aus den vorgestellten Mustern das passendste für Ihren Anwendungsfall
3. **Experimentieren Sie mit Variationen**: Passen Sie den Prompt an, bis die Ergebnisse Ihren Anforderungen entsprechen
4. **Etablieren Sie einen regelmäßigen Workflow**: Integrieren Sie die erfolgreichen Prompts in Ihre tägliche Routine

5. **Erweitern Sie schrittweise Ihr Repertoire**: Fügen Sie
   nach und nach neue Anwendungsfälle hinzu

Ein IT-Leiter fasste seinen Weg treffend zusammen: "Ich begann mit einfachen Zusammenfassungen von Technologieberichten. Heute nutze ich Copilot für komplexe Informationsanalysen, die früher ganze Teams beschäftigt hätten. Der Schlüssel zum Erfolg war, klein anzufangen und kontinuierlich zu lernen."

Die hier vorgestellten Techniken zur effizienten Informationsverarbeitung mit Copilot bilden die Grundlage für fortgeschrittenere Anwendungen, die wir in späteren Kapiteln erkunden werden. Durch die konsequente Nutzung dieser Funktionen schaffen Sie sich Freiräume für kreative und strategische Aufgaben, die wirklich Ihrer persönlichen Expertise bedürfen.

3. Arbeitsabläufe mit Copilot neu gestalten: Effizienz steigern und Prozesse optimieren

Wer kennt nicht das Gefühl, im Hamsterrad alltäglicher Arbeitsroutinen gefangen zu sein? Diese wiederkehrenden Aufgaben lassen uns kaum Zeit, uns auf wirklich wertschöpfende Tätigkeiten zu konzentrieren. In meinen Beratungen höre ich regelmäßig Klagen wie: "Ich verbringe 70% meiner Zeit mit Verwaltungsaufgaben und nur 30% mit dem, wofür ich eigentlich eingestellt wurde." Genau hier liegt das transformative Potenzial von Microsoft 365 Copilot: Die KI-gestützte Neugestaltung unserer Arbeitsabläufe kann dieses Verhältnis umkehren.

Nach unserem erfolgreichen Einstieg in die Copilot-Nutzung durch gezieltes Prompting und erste schnelle Erfolge ist es nun an der Zeit, tiefer zu gehen. In diesem Kapitel werden wir die systematische Integration von Copilot in Ihre täglichen Arbeitsabläufe erkunden. Es geht nicht mehr nur um einzelne Anwendungsfälle, sondern um eine umfassende Transformation Ihrer Arbeitsprozesse.

Die Optimierung von Arbeitsabläufen durch KI-Unterstützung repräsentiert eine fundamentale Veränderung unserer Arbeitsweise. In einem Beratungsprojekt für ein mittelständisches Unternehmen konnte eine Teamleiterin berichten: "Nachdem wir unsere Kernprozesse mit Copilot neu gestaltet hatten, gewannen wir pro Mitarbeiter durchschnittlich acht Stunden pro Woche zurück. Zeit, die nun für strategische Projekte zur Verfügung steht."

Was genau bedeutet es, Arbeitsabläufe mit Copilot neu zu gestalten? Im Kern geht es darum, Ihre bestehenden Prozesse kritisch zu hinterfragen und zu identifizieren, welche Aspekte durch KI-Unterstützung optimiert werden können. Dies umfasst nicht nur einzelne Aufgaben, sondern ganze Prozessketten, an denen oft mehrere Teammitglieder beteiligt sind.

Ein systematischer Ansatz zur Prozessoptimierung mit Copilot folgt typischerweise diesen Schritten:

- **Bestandsaufnahme**: Identifizieren und dokumentieren Sie Ihre aktuellen Arbeitsabläufe in Detail
- **Analyse**: Untersuchen Sie jeden Prozessschritt auf Automatisierungspotenzial und Effizienzsteigerung
- **Neugestaltung**: Konzipieren Sie optimierte Arbeitsabläufe unter Einbeziehung von Copilot
- **Implementation**: Führen Sie die neuen Prozesse schrittweise ein
- **Messung**: Erfassen Sie die Ergebnisse anhand definierter KPIs
- **Iteration**: Verfeinern Sie die Prozesse basierend auf den gewonnenen Erkenntnissen

Ein IT-Manager aus der Finanzbranche beschrieb mir seine Erfahrung: "Die Prozessoptimierung mit Copilot war kein einmaliges Projekt, sondern ein kontinuierlicher Verbesserungszyklus. Mit jeder Iteration wurden unsere Abläufe effizienter und die Zeitersparnis wuchs."

Die größten Potenziale für die Prozessoptimierung liegen oft in Bereichen mit hohem Kommunikations- und Dokumentationsaufwand. Denken Sie an die Zeit, die Sie mit dem Verfassen und Beantworten von E-Mails, der Erstellung von Berichten, der Vorbereitung und Nachbereitung von Meetings oder der Analyse von Daten verbringen. In all diesen Bereichen kann Copilot als intelligenter Assistent eingebunden werden.

Eine Produktmanagerin aus dem Gesundheitssektor teilte mir ihre Transformation mit: "Früher verbrachte ich jeden Montag vier Stunden damit, Statusberichte aus verschiedenen Quellen zusammenzutragen und für das Management aufzubereiten. Mit unserem neu gestalteten Workflow, der Copilot integriert, erledige ich dieselbe Aufgabe in 45 Minuten mit besseren Ergebnissen."

Die Neugestaltung von Arbeitsabläufen mit Copilot bietet mehrere zentrale Vorteile:

- **Zeitersparnis**: Reduktion des Zeitaufwands für repetitive Aufgaben um 40-70%
- **Qualitätsverbesserung**: Konsistentere Ergebnisse durch standardisierte Prozesse
- **Fehlerreduktion**: Minimierung menschlicher Fehler bei Routineaufgaben
- **Skalierbarkeit**: Bewältigung größerer Arbeitsvolumina ohne proportionalen Mehraufwand
- **Mitarbeiterzufriedenheit**: Höhere Arbeitszufriedenheit durch Fokus auf wertschöpfende Tätigkeiten

Bei der Integration von Copilot in Arbeitsabläufe ist es wichtig, einen menschenzentrierten Ansatz zu verfolgen. Die Technologie soll Menschen unterstützen, nicht ersetzen. Ein Personalleiter beschrieb seinen Ansatz so: "Wir fragen nicht, welche Aufgaben Copilot übernehmen kann, sondern wie Copilot unsere Mitarbeiter befähigen kann, ihre einzigartigen menschlichen Fähigkeiten besser einzusetzen."

In diesem Kapitel werden wir zwei Hauptaspekte der Arbeitsablaufoptimierung mit Copilot betrachten: die Automatisierung von Routineaufgaben und die Verbesserung der Zusammenarbeit im Team. Beide Bereiche bieten enormes Potenzial für Effizienzsteigerungen und Prozessverbesserungen.

Die Automatisierung von Routineaufgaben beginnt mit der Identifikation wiederkehrender Tätigkeiten, die viel Zeit in

Anspruch nehmen, aber wenig kreative oder strategische Denkleistung erfordern. Typische Kandidaten hierfür sind:

- Das Formatieren und Aufbereiten von Dokumenten
- Die Erstellung standardisierter Berichte und Präsentationen
- Die Beantwortung häufig gestellter Fragen per E-Mail
- Die Organisation und Kategorisierung von Informationen
- Die Extraktion von Daten aus verschiedenen Quellen

Ein Finanzcontroller teilte seine Erkenntnis: "Ich identifizierte 14 Berichte, die ich monatlich erstelle und die nach demselben Muster ablaufen. Durch die Integration von Copilot in diesen Prozess reduzierte ich die Erstellungszeit pro Bericht von drei Stunden auf 30 Minuten."

Die Verbesserung der Zusammenarbeit durch Copilot-Integration konzentriert sich auf die Optimierung von Kommunikationsprozessen und das gemeinsame Arbeiten an Dokumenten und Projekten. Microsoft Teams, zusammen mit den kollaborativen Funktionen der Office-Anwendungen, bietet hier besonders wertvolle Möglichkeiten.

Ein Projektmanager aus der Automobilbranche berichtete: "Die automatisierten Meeting-Zusammenfassungen und Aktionspunkte-Extraktion durch Copilot haben unsere Teamkommunikation revolutioniert. Wir verbringen weniger Zeit mit dem Austausch über das, was getan werden muss, und mehr Zeit damit, es tatsächlich zu tun."

Bei der Neugestaltung von Arbeitsabläufen ist es wichtig, einen schrittweisen Ansatz zu verfolgen. Versuchen Sie nicht, alle Prozesse gleichzeitig zu transformieren. Beginnen Sie mit einem klar definierten Bereich, in dem eine Optimierung den größten unmittelbaren Nutzen verspricht. Nach erfolgreicher Implementation können Sie Ihre Erfahrungen auf weitere Bereiche übertragen.

Eine Teamleiterin aus dem Marketingbereich teilte ihre Strategie: "Wir starteten mit der Optimierung unseres Content-Erstellungsprozesses, der besonders zeitintensiv war. Nach dem Erfolg in diesem Bereich erweiterten wir Schritt für Schritt auf andere Workflows wie Kampagnenanalyse und Kundenkommunikation."

Die Einbindung der betroffenen Mitarbeiter ist ein kritischer Erfolgsfaktor bei der Prozessoptimierung. Menschen, die täglich mit den Arbeitsabläufen zu tun haben, verfügen über wertvolles Wissen zu Schmerzpunkten und Verbesserungsmöglichkeiten. Zudem steigt die Akzeptanz neuer Prozesse erheblich, wenn Mitarbeiter an deren Gestaltung beteiligt waren.

Ein Change-Manager beschrieb seine Erfahrung: "Die besten Ideen zur Prozessoptimierung kamen nicht von mir oder externen Beratern, sondern von den Mitarbeitern selbst, nachdem sie die Grundprinzipien von Copilot verstanden hatten. Sie kennen ihre täglichen Frustrationen am besten."

Die Messung des Erfolgs Ihrer Prozessoptimierung ist entscheidend, um den Wert der Veränderungen zu quantifizieren und kontinuierliche Verbesserungen zu ermöglichen. Definieren Sie klare KPIs wie Zeitersparnis, Fehlerreduktion, Durchlaufzeiten oder Mitarbeiterzufriedenheit. Erheben Sie Baseline-Daten vor der Implementation und vergleichen Sie diese mit den Ergebnissen nach der Optimierung.

Ein Qualitätsmanager teilte mit: "Wir dokumentierten akribisch den Zeitaufwand für unsere Kernprozesse vor und nach der Copilot-Integration. Die gemessene Zeitersparnis von 62% überzeugte auch die größten Skeptiker in unserer Führungsebene."

Bei all der Begeisterung für Prozessoptimierung dürfen wir nicht vergessen, dass es letztlich um Menschen geht. Die gewonnene Zeit sollte sinnvoll investiert werden, etwa in kreative Aufgaben, strategisches Denken oder persönliche Weiterbildung. Ein CEO formulierte es treffend: "Der Wert von Copilot liegt nicht primär in der Kostenersparnis, sondern darin, dass unsere Mitarbeiter endlich Zeit für die Aufgaben haben, die wirklich einen Unterschied machen."

In den folgenden Abschnitten werden wir detailliert erkunden, wie Sie Routineaufgaben mit Copilot automatisieren und die Zusammenarbeit in Ihrem Team verbessern können. Sie werden konkrete Strategien und praktische Beispiele kennenlernen, die Sie direkt in Ihrem Arbeitsalltag umsetzen können.

Die Reise zur Prozessoptimierung mit Copilot ist keine einmalige Transformation, sondern ein kontinuierlicher Verbesserungsprozess. Mit jedem Schritt werden Sie neue Möglichkeiten entdecken, Ihre Arbeitsabläufe effizienter zu gestalten und mehr Zeit für wertschöpfende Tätigkeiten zu gewinnen.

3.1 ROUTINEAUFGABEN AUTOMATISIEREN: MEHR ZEIT FÜR STRATEGISCHE ARBEIT GEWINNEN

3.1.1 WIEDERKEHRENDE AUFGABEN IN M365 DURCH COPILOT-UNTERSTÜTZUNG VEREINFACHEN

"Ich verbringe fast 40% meiner Zeit mit Routineaufgaben, die wenig Mehrwert schaffen." Diese Aussage einer Finanzmanagerin aus dem Mittelstand bringt das Dilemma vieler Fach- und Führungskräfte auf den Punkt. Wir alle kennen diese wiederkehrenden Tätigkeiten, die unsere wertvolle Zeit verschlingen: das Zusammenstellen von Standardberichten, das Formatieren von Dokumenten, das Erstellen von Protokollen oder das Beantworten von immer ähnlichen E-Mails. Genau hier setzt das transformative Potenzial von Microsoft 365 Copilot an.

Die Automatisierung von Routineaufgaben stellt einen der größten Hebel für sofortige Produktivitätsgewinne mit Copilot dar. Während meiner Beratungsprojekte habe ich beobachtet, dass die erfolgreiche Automatisierung von Alltagsaufgaben oft den Wendepunkt in der Akzeptanz von KI-Technologien markiert. Wenn Mitarbeiter erleben, wie sich ihr Arbeitstag durch die Entlastung von wiederkehrenden Pflichtaufgaben verändert, öffnen sie sich für weitergehende Transformationen.

Der erste Schritt zur Automatisierung von Routineaufgaben besteht in ihrer systematischen Identifikation. Ich empfehle meinen Klienten, eine Arbeitswoche lang ein "Aufgabentagebuch" zu führen und darin alle wiederkehrenden Tätigkeiten zu erfassen. Notieren Sie dabei:

- **Aufgabentyp**: Um welche Art von Aufgabe handelt es sich?
- **Zeitaufwand**: Wie viel Zeit verbringen Sie damit pro Tag/Woche/Monat?

- **Komplexitätsgrad**: Wie anspruchsvoll ist die Aufgabe kognitiv?
- **Standardisierbarkeit**: Wie stark folgt die Aufgabe einem wiederkehrenden Muster?
- **Wertschöpfung**: Welchen tatsächlichen Mehrwert schafft diese Aufgabe?

Ein Vertriebsleiter teilte mir nach dieser Übung mit: "Ich war schockiert zu sehen, dass ich 12 Stunden pro Woche mit der Erstellung und Formatierung von Standardberichten verbringe. Zeit, die ich eigentlich für Kundengespräche nutzen sollte."

Nach der Identifikation geht es an die Priorisierung. Nicht alle Routineaufgaben eignen sich gleichermaßen für die Automatisierung mit Copilot. Besonders geeignet sind Aufgaben mit diesen Merkmalen:

- **Hohe Wiederholungsfrequenz**: Tätigkeiten, die täglich oder wöchentlich anfallen
- **Klare Struktur**: Aufgaben mit definiertem Input und erwartbarem Output
- **Mittlere Komplexität**: Weder zu trivial noch zu komplex für KI-Unterstützung
- **Hoher Zeitaufwand**: Aufgaben, die aktuell viel Zeit beanspruchen
- **Geringe Kreativitätsanforderung**: Tätigkeiten, die wenig kreatives Denken erfordern

Eine Marketingleiterin beschrieb ihre Erkenntnis so: "Nachdem ich meine Aufgaben nach diesen Kriterien priorisiert hatte, wurde mir klar, dass die wöchentliche Social-Media-Contenterstellung das perfekte Startprojekt für Copilot-Unterstützung war."

Nun möchte ich konkrete Beispiele für Routineaufgaben vorstellen, die sich besonders gut mit Copilot automatisieren lassen. In meiner Beratungspraxis haben sich diese Anwendungsfälle als "Quick Wins" erwiesen:

1. **Standardisierte E-Mail-Kommunikation**

   - **Aufgabe**: Regelmäßige Update-E-Mails, Benachrichtigungen oder Antworten auf häufige Anfragen
   - **Copilot-Lösung**: Erstellen von E-Mail-Vorlagen mit variablen Elementen, die an den jeweiligen Kontext angepasst werden
   - **Beispiel-Prompt**: "Erstelle eine E-Mail-Vorlage für wöchentliche Projekt-Updates an das Management. Die E-Mail soll Abschnitte für Fortschritte, Herausforderungen und nächste Schritte enthalten."

2. **Meeting-Vor- und Nachbereitung**

   - **Aufgabe**: Erstellung von Agenden, Protokollen und Aktionspunkten
   - **Copilot-Lösung**: Automatische Generierung von Besprechungsunterlagen basierend auf vorhandenen Informationen
   - **Beispiel-Prompt**: "Erstelle eine strukturierte Agenda für unser wöchentliches Teammeeting, basierend auf den offenen Punkten aus dem letzten Protokoll und den aktuellen Projektprioritäten."

3. **Dokumentenformatierung und -strukturierung**

   - **Aufgabe**: Konsistente Formatierung von Berichten, Präsentationen oder anderen Dokumenten
   - **Copilot-Lösung**: Automatische Anpassung von Formatierungen, Erstellen von Inhaltsverzeichnissen, Einfügen von Querverweisen
   - **Beispiel-Prompt**: "Formatiere dieses Dokument gemäß unseren Unternehmensrichtlinien: Überschriften in Blau (Farbe #0046AD), Schriftart Calibri, füge Seitenzahlen und ein automatisches Inhaltsverzeichnis ein."

Eine IT-Leiterin berichtete mir von ihrem Aha-Moment: "Die automatisierte Formatierung unserer technischen Dokumentation mit Copilot spart jedem Teammitglied etwa drei Stunden pro Woche. Bei 12 Teammitgliedern sind das 36 Stunden, die wir nun für wertschöpfende Aufgaben nutzen können."

Die Integration von Copilot in Ihre täglichen Arbeitsabläufe erfordert eine systematische Vorgehensweise. Hier ist mein bewährter vierstufiger Ansatz:

1. **Dokumentation des aktuellen Prozesses**

   - Erfassen Sie detailliert, wie die Routineaufgabe derzeit abläuft
   - Identifizieren Sie Input, Output und Zwischenschritte
   - Notieren Sie typische Herausforderungen und Qualitätskriterien

2. **Entwicklung der Copilot-Anweisung**

   - Formulieren Sie klare, strukturierte Prompts für jeden Prozessschritt
   - Testen Sie verschiedene Formulierungen und verfeinern Sie diese
   - Dokumentieren Sie erfolgreiche Prompt-Muster für spätere Wiederverwendung

3. **Pilotierung und Validierung**

   - Testen Sie den automatisierten Prozess mit realen Daten
   - Überprüfen Sie die Qualität der Ergebnisse kritisch
   - Passen Sie Ihre Prompts basierend auf dem Feedback an

4. **Standardisierung und Skalierung**

   - Erstellen Sie eine Bibliothek validierter Prompts für wiederkehrende Aufgaben

- Schulen Sie Kollegen in der Anwendung dieser Vorlagen
- Etablieren Sie einen kontinuierlichen Verbesserungsprozess

Ein Qualitätsmanager beschrieb seinen Weg: "Nach diesem Ansatz haben wir unsere monatliche Berichtserstellung komplett neu gestaltet. Was früher drei Tage dauerte, erledigen wir jetzt in einem halben Tag mit deutlich konsistenteren Ergebnissen."

Die erfolgreiche Automatisierung von Routineaufgaben mit Copilot bringt zahlreiche Vorteile mit sich, die über die reine Zeitersparnis hinausgehen:

- **Konsistenzsteigerung**: Gleichbleibende Qualität über alle Iterationen hinweg
- **Fehlerreduktion**: Minimierung menschlicher Flüchtigkeitsfehler
- **Skalierbarkeit**: Bewältigung größerer Arbeitsvolumina ohne proportionalen Mehraufwand
- **Wissenstransfer**: Implizites Wissen wird in Prompt-Vorlagen explizit gemacht
- **Mitarbeiterzufriedenheit**: Mehr Zeit für anspruchsvolle, erfüllende Aufgaben

Eine Personalreferentin teilte ihre Erfahrung: "Seit wir Routineanfragen mit Copilot beantworten, ist nicht nur unsere Bearbeitungszeit gesunken, sondern auch die Qualität der Antworten gestiegen. Die Mitarbeiter erhalten schneller umfassendere Informationen."

Bei der Implementierung von automatisierten Arbeitsabläufen mit Copilot begegnen mir in Unternehmen immer wieder typische Herausforderungen. Hier sind meine praxiserprobten Lösungsansätze:

- **Herausforderung**: Übertriebene Erwartungen an die Automatisierungsmöglichkeiten

- **Lösung**: Realistische Potenzialanalyse durchführen und mit kleinen, klar definierten Anwendungsfällen starten

- **Herausforderung**: Sorge vor Kontrollverlust bei automatisierten Prozessen

- **Lösung**: Zweistufige Validierung einführen, bei der Copilot Vorschläge macht, die ein Mensch prüft

- **Herausforderung**: Unsicherheit bezüglich Datenschutz und Vertraulichkeit

- **Lösung**: Klare Richtlinien für die Arten von Daten entwickeln, die mit Copilot verarbeitet werden dürfen

Ein CIO fasste zusammen: "Der Schlüssel zum Erfolg war für uns die Balance zwischen Automatisierung und menschlicher Kontrolle. Wir nutzen Copilot, um 80% der Arbeit zu erledigen, behalten aber die finale Entscheidung beim Menschen."

Die Automatisierung von Routineaufgaben mit Copilot ist kein einmaliges Projekt, sondern ein kontinuierlicher Verbesserungsprozess. Ermutigen Sie Ihr Team, regelmäßig neue Anwendungsfälle zu identifizieren und bestehende Prozesse zu optimieren. Etablieren Sie einen systematischen Ansatz zum Sammeln und Teilen erfolgreicher Automatisierungsbeispiele innerhalb Ihrer Organisation.

Ein Innovationsmanager beschrieb die transformative Wirkung: "Was als Projekt zur Automatisierung von Routineaufgaben begann, hat sich zu einer organisationsweiten Bewegung entwickelt. Mitarbeiter teilen ihre Copilot-Erfolgsgeschichten und inspirieren andere, ihre eigenen Prozesse zu überdenken."

In unserer zunehmend komplexen Arbeitswelt ist die Fähigkeit, Routineaufgaben zu delegieren und sich auf wertschöpfende Tätigkeiten zu konzentrieren, kein Luxus mehr, sondern eine Notwendigkeit. Mit Microsoft 365 Copilot haben Sie einen leistungsstarken Partner an Ihrer Seite, der Ihnen hilft, diesen Wandel zu vollziehen und Ihre kostbare Zeit für die Aufgaben zu nutzen, die wirklich Ihrer einzigartigen menschlichen Expertise bedürfen.

3.1.2 DIE ERSTELLUNG VON BERICHTEN UND PRÄSENTATIONEN MIT COPILOT BESCHLEUNIGEN

Die Zeit, die viele Fach- und Führungskräfte mit der Erstellung von Berichten und Präsentationen verbringen, ist beeindruckend. In einer Studie mit mittelständischen Unternehmen stellte ich fest, dass Manager durchschnittlich 15 Stunden pro Woche für diese Aufgaben aufwenden. "Ich verbringe mehr Zeit damit, über unsere Arbeit zu berichten, als tatsächlich zu arbeiten," klagte ein Abteilungsleiter aus dem Finanzsektor. Diese Situation können wir mit Microsoft 365 Copilot grundlegend verändern.

Berichte und Präsentationen gehören zu den idealen Anwendungsfeldern für Copilot. Warum? Weil sie häufig einem strukturierten Aufbau folgen, wiederkehrende Elemente enthalten und gleichzeitig viel Zeit in Anspruch nehmen. In meiner Beratungspraxis habe ich zahlreiche Prozesse entwickelt, die die Erstellung dieser Dokumente dramatisch beschleunigen, ohne an Qualität einzubüßen.

Der Schlüssel zur effizienten Berichtserstellung mit Copilot liegt in der Kombination aus strukturierten Prompts und durchdachten Vorlagen. Für den Einstieg empfehle ich diesen Prozess:

1. **Bestandsaufnahme durchführen**: Analysieren Sie Ihre bestehenden Berichte und identifizieren Sie wiederkehrende Strukturen, feste Elemente und variable Inhalte.
2. **Vorlagen erstellen**: Entwickeln Sie für jeden Berichtstyp eine Basisvorlage, die die konstanten Elemente enthält.

3. **Prompt-Bibliothek aufbauen**: Formulieren Sie effektive Prompts für verschiedene Berichtstypen und -abschnitte.
4. **Workflow definieren**: Legen Sie fest, an welchen Stellen des Prozesses Copilot optimal unterstützen kann.
5. **Qualitätskontrolle integrieren**: Bestimmen Sie, welche Elemente immer einer menschlichen Überprüfung bedürfen.

Eine Controlling-Leiterin aus dem produzierenden Gewerbe berichtete mir: "Nach der Implementierung dieses Ansatzes konnten wir unsere monatlichen Finanzberichte in weniger als der Hälfte der Zeit erstellen. Die gewonnene Zeit investieren wir jetzt in tiefergehende Analysen, die tatsächlich Mehrwert für unser Unternehmen schaffen."

Für die Beschleunigung von PowerPoint-Präsentationen bietet Copilot besonders beeindruckende Möglichkeiten. Ich habe mit Klienten folgende Strategie entwickelt, die hervorragende Ergebnisse liefert:

- **Inhaltsgerüst definieren**: Starten Sie mit einer klaren Gliederung der Kernbotschaften und wichtigsten Punkte.
- **Design-Richtlinien festlegen**: Geben Sie Copilot spezifische Anweisungen zum gewünschten visuellen Stil, Farbschema und zur allgemeinen Ästhetik.
- **Datenintegration planen**: Bestimmen Sie, welche Daten und Grafiken eingebunden werden sollen.
- **Storytelling-Elemente identifizieren**: Legen Sie fest, welche Narrative und Übergänge die Präsentation strukturieren sollen.
- **Zielgruppenspezifische Anpassungen**: Berücksichtigen Sie die Bedürfnisse und Erwartungen Ihrer spezifischen Zuhörerschaft.

Ein Vertriebsleiter eines Technologieunternehmens teilte seine Erfahrung: "Was früher Tage dauerte, erledige ich jetzt in Stunden.

Meine Präsentationen sind nicht nur schneller erstellt, sondern auch überzeugender und visuell ansprechender."

Besonders effektiv ist die Nutzung von Copilot für bestimmte wiederkehrende Berichtstypen. Basierend auf meinen Projekterfahrungen habe ich eine Liste der am besten geeigneten Berichtsarten zusammengestellt:

- **Status- und Fortschrittsberichte**: Regelmäßige Updates zu Projekten oder Abteilungsaktivitäten
- **Datenbasierte Analyseberichte**: Auswertungen von Leistungskennzahlen oder Marktdaten
- **Compliance- und Auditberichte**: Standardisierte Berichte für regulatorische Anforderungen
- **Executive Summaries**: Prägnante Zusammenfassungen längerer Dokumente
- **Kundenberichte**: Regelmäßige Berichterstattung an Kunden oder Partner

Für jeden dieser Berichtstypen können Sie spezifische Prompt-Vorlagen entwickeln. Ein Qualitätsmanager aus der Pharmaindustrie beschrieb seinen Ansatz: "Ich habe für unsere monatlichen Compliance-Berichte einen strukturierten Prompt entwickelt, der Copilot genau anweist, welche Elemente einzubeziehen sind und in welchem Format. Das spart mir etwa sechs Stunden pro Monat."

Die wahre Kunst bei der Beschleunigung von Präsentationen liegt in der richtigen Balance zwischen KI-Unterstützung und menschlicher Expertise. Ich empfehle meinen Klienten, diese Aufgabenverteilung zu berücksichtigen:

1. **Copilot-Zuständigkeiten**:

   - Erstellung einer ersten Foliengliederung basierend auf Ihren Themen
   - Vorschlag von passenden Layouts und Designelementen

- Generierung von Basis-Content für Folien
- Erstellung von Überschriften und Kernbotschaften
- Umwandlung von Daten in visuelle Darstellungen

2. **Menschliche Expertise erforderlich für**:

- Strategische Botschaft und roter Faden der Präsentation
- Anpassung an spezifische Zielgruppenbelange
- Feinjustierung von Formulierungen und Nuancen
- Überprüfung der Fakten und Zahlen
- Hinzufügen persönlicher Erfahrungen und Anekdoten

Ein Projektleiter aus dem Logistikbereich teilte mir mit: "Diese klare Aufgabenteilung hat meinem Team geholfen, die Vorteile von Copilot voll auszuschöpfen, ohne Kompromisse bei der inhaltlichen Qualität einzugehen."

Für maximale Effizienz bei der Berichtserstellung mit Copilot habe ich einige fortgeschrittene Techniken entwickelt, die den Prozess weiter optimieren:

- **Prompt-Verkettung**: Eine Reihe von aufeinander aufbauenden Prompts, die schrittweise einen komplexen Bericht erstellen
- **Kontext-Anreicherung**: Gezielte Bereitstellung von Hintergrundinformationen, um Copilot relevante Zusammenhänge zu vermitteln
- **Iterative Verfeinerung**: Systematisches Feedback zur schrittweisen Verbesserung des generierten Inhalts
- **Style-Guides integrieren**: Explizite Anweisung zur Einhaltung unternehmensspezifischer Formulierungs- und Gestaltungsrichtlinien
- **Template-Augmentation**: Kombination von vordefinierten Vorlagen mit dynamisch generierten Inhalten

Eine Marketingleiterin beschrieb ihren Aha-Moment: "Die Prompt-Verkettung hat meine Arbeitsweise revolutioniert. Statt Copilot mit allem auf einmal zu überfordern, führe ich ihn Schritt für Schritt durch den Prozess der Berichtserstellung. Die Ergebnisse sind beeindruckend präzise."

Die Integration von Daten stellt bei Berichten und Präsentationen oft eine besondere Herausforderung dar. Copilot kann hier durch die nahtlose Verbindung mit Excel glänzen. Ich empfehle dieses Vorgehen:

1. **Datenquellen identifizieren**: Bestimmen Sie, welche Daten in Ihren Bericht oder Ihre Präsentation einfließen sollen
2. **Datenaufbereitung planen**: Strukturieren Sie Ihre Excel-Daten so, dass Copilot sie optimal interpretieren kann
3. **Visuelle Darstellung festlegen**: Definieren Sie, in welcher Form die Daten präsentiert werden sollen
4. **Narrative entwickeln**: Geben Sie an, welche Geschichte die Daten erzählen sollen
5. **Integrationsanweisung formulieren**: Erstellen Sie einen präzisen Prompt zur Datenintegration

Ein Business Analyst teilte seine Erfahrung: "Die strukturierte Integration unserer Vertriebsdaten in Quartalsberichte mit Copilot hat nicht nur den Prozess beschleunigt, sondern auch die Konsistenz und Qualität der Darstellung verbessert."

Ein oft übersehener Aspekt bei der Beschleunigung von Berichten und Präsentationen ist die Wiederverwendbarkeit. Einmal entwickelte Prompts und Workflows lassen sich für zukünftige Dokumente nutzen und kontinuierlich verfeinern. Ich empfehle meinen Klienten, ein persönliches "Prompt-Repository" anzulegen, das erfolgreiche Anweisungen für verschiedene Berichtstypen sammelt.

Eine Teamleiterin aus dem Kundenservice berichtete: "Nach drei Monaten hatten wir eine Bibliothek von über 30 bewährten Prompts für verschiedene Berichtsszenarien. Neue Teammitglieder können diese nutzen und sind sofort produktiv."

Die optimale Nutzung von Copilot für Berichte und Präsentationen erfordert auch ein Umdenken bezüglich des Erstellungsprozesses. Statt von einem leeren Blatt zu starten, beginnen Sie mit einer klaren Struktur und konkreten Inhaltsideen. Je spezifischer Ihre Vorgaben, desto zielgerichteter kann Copilot unterstützen.

Ein Produktmanager beschrieb seinen veränderten Ansatz: "Früher habe ich Stunden damit verbracht, auf die perfekte Formulierung zu starren. Jetzt skizziere ich meine Gedanken und lasse Copilot daraus einen strukturierten Entwurf erstellen, den ich dann verfeinere. Das hat meine Produktivität verdoppelt."

Die Zeitersparnis durch die beschleunigte Erstellung von Berichten und Präsentationen mit Copilot ist beeindruckend. In einem Pilotprojekt mit einem mittelständischen Unternehmen konnten wir folgende Effizienzgewinne messen:

- Wöchentliche Statusberichte: Reduzierung der Erstellungszeit um 65%
- Monatliche Performanceberichte: Zeitersparnis von 58%
- Quartalsberichte für die Geschäftsführung: Beschleunigung um 42%
- Kundenspezifische Präsentationen: Zeitreduktion um 70%
- Projektabschlusspräsentationen: Effizienzsteigerung von 53%

Diese gewonnene Zeit können Sie in strategische Aufgaben, Kundenkontakte oder innovative Projekte investieren, die Ihr Unternehmen wirklich voranbringen.

3.2 Zusammenarbeit verbessern: Copilot in Team-Workflows nahtlos integrieren

3.2.1 Besprechungen mit Copilot in Teams effektiver gestalten (Zusammenfassungen, Aktionspunkte)

Die Meetingkultur in vielen Unternehmen ist ein zweischneidiges Schwert. Einerseits sind Besprechungen essentiell für Koordination und Austausch, andererseits binden sie enorme Ressourcen. "In meiner Beratungspraxis begegne ich regelmäßig Teams, die bis zu 40% ihrer Arbeitszeit in Meetings verbringen, mit oft fragwürdigem Nutzen", teile ich meinen Klienten häufig mit. Diese Beobachtung löst meist zustimmendes Nicken aus, gefolgt von der Frage: "Aber wie ändern wir das?"

Microsoft 365 Copilot in Teams bietet genau hier transformatives Potenzial. Meine Erfahrung zeigt, dass Teams durch den gezielten Einsatz dieser KI-Funktionen nicht nur Zeit sparen, sondern auch die Qualität ihrer Zusammenarbeit grundlegend verbessern können. Dies betrifft sowohl die Besprechungen selbst als auch die oft vernachlässigte Vor- und Nachbereitung.

Der Einstieg in die Optimierung von Teams-Meetings mit Copilot erfolgt am besten durch die Implementierung eines strukturierten Prozesses. In meinen Workshops hat sich dieser vierstufige Ansatz bewährt:

1. **Vorbereitung optimieren**: Copilot zur Agenda-Erstellung und Hintergrundinformation nutzen
2. **Meeting-Durchführung verbessern**: Live-Unterstützung durch Copilot während der Besprechung
3. **Nachbereitung automatisieren**: Zusammenfassungen und Aktionspunkte durch Copilot generieren
4. **Follow-up systematisieren**: Fortschrittsverfolgung mit Copilot-Unterstützung

Eine Führungskraft aus dem Produktionsbereich berichtete mir nach der Einführung dieses Ansatzes: "Früher verbrachten wir Stunden mit der Vorbereitung und Nachbereitung von Meetings. Jetzt erledigen wir das in einem Bruchteil der Zeit, und die Ergebnisse sind besser strukturiert und nachvollziehbarer."

Beginnen wir mit der Vorbereitung von Besprechungen, einem oft unterschätzten Erfolgsfaktor. Copilot ermöglicht eine deutlich effizientere Vorbereitung durch verschiedene Funktionen:

- **Agenda-Generierung**: Basierend auf dem Meetingzweck und bisherigen ähnlichen Besprechungen kann Copilot eine strukturierte Tagesordnung vorschlagen.
- **Hintergrundrecherche**: Copilot sammelt relevante Dokumente, E-Mails und Informationen zur Vorbereitung der Teilnehmer.
- **Teilnehmervorschläge**: Die KI kann basierend auf dem Thema und bisherigen Interaktionen geeignete Teilnehmer empfehlen.
- **Vorbereitung von Diskussionspunkten**: Für jeden Agendapunkt kann Copilot Kernfragen und Diskussionsanregungen formulieren.
- **Zeitplanung**: Copilot schlägt realistische Zeitfenster für jeden Agendapunkt vor.

Der effektive Prompt für die Agenda-Erstellung könnte beispielsweise lauten: "Erstelle eine strukturierte Agenda für unser wöchentliches Projektstatustreffen zum Projekt X, basierend auf den offenen Punkten aus unserem letzten Meeting und dem aktuellen Projektplan. Berücksichtige, dass wir maximal 45 Minuten Zeit haben."

Ein Projektmanager aus der IT-Branche teilte mir mit: "Die von Copilot erstellten Agenden sind präziser und vollständiger als die, die ich früher manuell erstellt habe. Nichts Wichtiges wird vergessen, und die Meetings haben eine klare Struktur."

Während der Besprechung selbst bietet Copilot in Teams innovative Möglichkeiten zur Echtzeitunterstützung. Diese Funktionen habe ich mit zahlreichen Teams erfolgreich implementiert:

- **Live-Transkription und Übersetzung**: Automatische Aufzeichnung des Gesagten, besonders wertvoll in mehrsprachigen Teams oder für Teilnehmer mit Hörbeeinträchtigungen.
- **Information Retrieval**: Copilot kann während der Besprechung Fragen beantworten und relevante Dokumente aus dem M365-Ökosystem abrufen.
- **Echtzeitnotizen**: Die KI erstellt kontinuierlich strukturierte Notizen zu den besprochenen Themen.
- **Entscheidungsverfolgung**: Wichtige Entscheidungen werden automatisch markiert und dokumentiert.
- **Zeitmanagement-Hinweise**: Copilot kann diskret darauf hinweisen, wenn zu viel Zeit auf einem Thema verwendet wird.

Ein Teamleiter aus dem Finanzsektor beschrieb seine Erfahrung so: "Die Live-Unterstützung durch Copilot hat die Dynamik unserer Meetings grundlegend verändert. Wir verschwenden keine Zeit mehr mit der Suche nach Informationen oder mit dem manuellen Notieren. Alle können sich voll auf die Diskussion konzentrieren."

Die vielleicht revolutionärste Funktion von Copilot in Teams betrifft die automatische Nachbereitung von Besprechungen. Hier entfaltet die KI ihr volles Potenzial:

1. **Automatische Zusammenfassungen**: Copilot erstellt strukturierte Zusammenfassungen des Meetings in verschiedenen Detaillierungsgraden.
2. **Aktionspunkt-Extraktion**: Die KI identifiziert und listet alle vereinbarten Maßnahmen mit Verantwortlichen und Terminen.

3. **Entscheidungsdokumentation**: Wichtige Entscheidungen werden hervorgehoben und dokumentiert.
4. **Thematische Kategorisierung**: Diskussionen werden nach Themen geordnet und strukturiert.
5. **Prägnante Kernpunkte**: Die wichtigsten Erkenntnisse werden in Bullet Points zusammengefasst.

Ein besonders wirkungsvoller Prompt für die Meeting-Nachbereitung lautet: "Fasse unser Meeting zum Thema X zusammen. Strukturiere die Zusammenfassung nach den Agendapunkten, extrahiere alle Aktionspunkte mit Verantwortlichen und Terminen, und hebe wichtige Entscheidungen hervor. Die Zusammenfassung sollte etwa eine Seite umfassen."

Eine Personalentwicklerin berichtete mir: "Die Qualität der Zusammenfassungen ist beeindruckend. Copilot erfasst auch Nuancen und stellt sicher, dass nichts Wichtiges verloren geht. Was früher 45 Minuten dauerte, erledigt sich jetzt in 5 Minuten."

Der systematische Follow-up-Prozess wird ebenfalls durch Copilot unterstützt. Diese Funktion wird von vielen Teams unterschätzt, obwohl sie entscheidend für die Wirksamkeit von Meetings ist:

- **Automatische Erinnerungen**: Copilot kann Teammitglieder an ausstehende Aktionspunkte erinnern.
- **Fortschrittsverfolgung**: Die KI kann den Status verschiedener Aktionspunkte abfragen und zusammenfassen.
- **Statusberichte**: Vor dem nächsten Meeting kann Copilot einen Statusbericht zu allen offenen Punkten erstellen.
- **Verbindung zu Projektmanagement-Tools**: Aktionspunkte können direkt in Planner, To Do oder andere Projektmanagement-Tools übertragen werden.
- **Vorbereitung des nächsten Meetings**: Copilot kann basierend auf offenen Punkten eine Agenda für das Folge-Meeting vorschlagen.

Eine IT-Leiterin beschrieb ihren Aha-Moment: "Der geschlossene Kreislauf von Meeting-Vorbereitung, Durchführung, Nachbereitung und Follow-up hat unsere Besprechungskultur revolutioniert. Nichts fällt mehr unter den Tisch, und jedes Meeting baut nahtlos auf dem vorherigen auf."

Die Integration von Copilot in Teams-Meetings führt zu messbaren Verbesserungen, die ich in zahlreichen Unternehmen beobachten konnte:

- Reduzierung der Meeting-Dauer um durchschnittlich 25%
- Verringerung der für Vor- und Nachbereitung aufgewendeten Zeit um bis zu 70%
- Steigerung der Umsetzungsrate von Meeting-Beschlüssen um mehr als 40%
- Verbesserung der wahrgenommenen Meeting-Qualität in Mitarbeiterbefragungen
- Signifikante Zunahme der dokumentierten und nachverfolgten Entscheidungen

Ein CIO eines mittelständischen Unternehmens fasste es treffend zusammen: "Die Investition in Copilot hat sich allein durch die Optimierung unserer Meetingkultur amortisiert. Die gewonnene Zeit und die verbesserte Entscheidungsqualität haben einen direkten Einfluss auf unsere Geschäftsergebnisse."

Bei der Implementierung von Copilot für Teams-Meetings begegnen mir in der Praxis typische Herausforderungen. Diese praktischen Tipps helfen Ihnen, diese zu meistern:

1. **Datenschutzbedenken adressieren**: Klären Sie vorab, welche Daten wie gespeichert werden und wer Zugriff hat.
2. **Erwartungsmanagement betreiben**: Copilot ist beeindruckend, aber nicht perfekt. Stellen Sie sicher, dass das Team realistische Erwartungen hat.
3. **Technische Voraussetzungen schaffen**: Sorgen Sie für gute Audioqualität und stabile Internetverbindungen.

4. **Schrittweise einführen**: Beginnen Sie mit einer Funktion (z.B. Zusammenfassungen) und erweitern Sie schrittweise.
5. **Feedback-Schleife etablieren**: Sammeln Sie regelmäßig Rückmeldungen und passen Sie den Einsatz entsprechend an.

Ein Change Manager teilte mir seine Erfahrung mit: "Die technische Einführung war der einfache Teil. Die Veränderung der Meeting-Gewohnheiten und die Schaffung von Vertrauen in die KI-generierten Inhalte waren die eigentlichen Herausforderungen."

Die Transformation der Meetingkultur mit Copilot in Teams ist kein einmaliges Projekt, sondern ein kontinuierlicher Verbesserungsprozess. Ich empfehle meinen Klienten, regelmäßig zu überprüfen, wie die Tools genutzt werden und wo weiteres Optimierungspotenzial besteht. Diese Reflexion führt oft zu neuen Anwendungsmöglichkeiten und einer immer effizienteren Nutzung.

Die durch Copilot gewonnene Zeit sollte bewusst für wertschöpfende Aktivitäten genutzt werden. Eine Führungskraft aus dem Gesundheitswesen beschrieb es so: "Wir investieren die gewonnene Zeit in tiefergehende strategische Diskussionen und in den persönlichen Austausch im Team. Das war vorher aufgrund des Zeitdrucks oft nicht möglich."

Durch die konsequente Nutzung von Copilot in Teams für Ihre Besprechungen schaffen Sie nicht nur Effizienzgewinne, sondern verbessern fundamental die Qualität Ihrer Zusammenarbeit. Meetings werden von zeitraubenden Pflichtveranstaltungen zu produktiven Knotenpunkten Ihrer Teamarbeit, die echten Mehrwert schaffen und die Mitarbeiterzufriedenheit steigern.

3.2.2 DIE GEMEINSAME DOKUMENTENBEARBEITUNG UND KOMMUNIKATION DURCH COPILOT OPTIMIEREN

Kollaboration bildet das Herzstück moderner Arbeitsumgebungen. In meiner Beratungspraxis erlebe ich täglich, wie Teams an gemeinsamen Dokumenten arbeiten, Ideen austauschen und Projekte koordinieren. "Die Qualität unserer Zusammenarbeit bestimmt die Qualität unserer Ergebnisse", teilte mir kürzlich eine Teamleiterin aus dem Gesundheitswesen mit. Diese einfache Wahrheit verdeutlicht, warum die Optimierung der gemeinsamen Dokumentenbearbeitung und Kommunikation so entscheidend für den Unternehmenserfolg ist.

Microsoft 365 Copilot revolutioniert diese kollaborativen Prozesse grundlegend. Die KI-Unterstützung geht weit über die bloße Automatisierung individueller Aufgaben hinaus und schafft neue Möglichkeiten für die teamübergreifende Zusammenarbeit. Meine Erfahrung zeigt, dass Teams, die Copilot gezielt in ihre kollaborativen Workflows integrieren, nicht nur effizienter arbeiten, sondern auch eine höhere Qualität der Zusammenarbeit erleben.

Die gemeinsame Dokumentenbearbeitung in Microsoft 365 hat durch Copilot eine neue Dimension erhalten. Früher mussten Teams komplexe Abstimmungsprozesse durchlaufen, um Änderungen zu koordinieren und Versionen zu verwalten. Mit Copilot wird dieser Prozess deutlich flüssiger und produktiver. Ein Projektmanager aus der Logistikbranche beschrieb mir seinen Aha-Moment: "Wir haben jahrelang mit den üblichen Herausforderungen gemeinsamer Dokumentenbearbeitung gekämpft. Mit Copilot verschwanden viele dieser Probleme praktisch über Nacht."

Besonders wertvoll für die kollaborative Dokumentenbearbeitung sind diese Copilot-Funktionen:

- **Inhaltskonsolidierung**: Copilot kann Beiträge verschiedener Teammitglieder analysieren, zusammenführen und in ein kohärentes Dokument integrieren.
- **Versionszusammenfassung**: Die KI identifiziert und erklärt Änderungen zwischen verschiedenen Dokumentversionen, was den Überblick erheblich erleichtert.
- **Kommentaranalyse**: Copilot kann Kommentare und Feedback verschiedener Teammitglieder zusammenfassen und priorisieren.
- **Stilharmonisierung**: Bei Dokumenten mit mehreren Autoren kann Copilot helfen, einen einheitlichen Schreibstil herzustellen.
- **Lückenidentifikation**: Die KI erkennt Inkonsistenzen oder fehlende Informationen in gemeinsam bearbeiteten Dokumenten.

Eine Marketingleiterin aus dem E-Commerce-Bereich teilte mir ihre Erfahrung mit: "Früher brauchten wir Tage, um Marketingunterlagen abzustimmen. Mit Copilot erledigen wir das in Stunden, mit besserem Ergebnis und weniger Frustration im Team."

Um die gemeinsame Dokumentenbearbeitung mit Copilot zu optimieren, empfehle ich meinen Klienten diesen strukturierten Ansatz:

1. **Klare Verantwortlichkeiten definieren**: Legen Sie fest, wer welche Teile des Dokuments primär bearbeitet und wer die Copilot-Unterstützung koordiniert.
2. **Gemeinsame Prompt-Bibliothek erstellen**: Entwickeln Sie teamweit einheitliche Prompts für wiederkehrende kollaborative Aufgaben.
3. **Feedback-Schleifen etablieren**: Nutzen Sie Copilot, um regelmäßiges, strukturiertes Feedback zu organisieren und zu verarbeiten.

4. **Versionsverwaltung optimieren**: Lassen Sie Copilot die Unterschiede zwischen Versionen dokumentieren und erklären.
5. **Review-Prozess systematisieren**: Integrieren Sie Copilot in den Review-Workflow für effizientere Prüfprozesse.

Ein Abteilungsleiter aus der Finanzbranche berichtete: "Nach der Implementierung dieses Ansatzes hat sich unsere Durchlaufzeit für komplexe Berichtsdokumente halbiert. Das Team ist begeistert von der neuen Effizienz."

Die Kommunikation im Team erfährt durch Copilot ebenfalls eine signifikante Optimierung. Über die bereits besprochenen Meeting-Funktionen hinaus bietet Copilot zahlreiche Möglichkeiten, die tägliche Team-Kommunikation zu verbessern:

- **Kontextbezogene Zusammenfassungen**: Copilot kann laufende Diskussionen in Teams-Kanälen oder Outlook-Gruppen zusammenfassen, damit neue Teammitglieder schnell auf den aktuellen Stand kommen.
- **Kommunikationsstil-Anpassung**: Die KI hilft, Nachrichten für unterschiedliche Zielgruppen im Team zu optimieren.
- **Schnelle Statusupdates**: Copilot kann aus verschiedenen Quellen automatisch strukturierte Statusberichte für das Team generieren.
- **Fragen-und-Antworten-Management**: Die KI kann häufig gestellte Fragen im Team identifizieren und beantworten.
- **Cross-Team-Kommunikation**: Copilot unterstützt bei der Übersetzung von Fachjargon zwischen verschiedenen Abteilungen.

Eine IT-Leiterin schilderte ihre Erfahrung: "Unsere Teams arbeiten an verschiedenen Standorten und in verschiedenen Zeitzonen. Copilot hat uns geholfen, Kommunikationsbarrieren zu überwinden und ein echtes Gefühl von zusammenhängender Teamarbeit zu schaffen."

Die Integration von Copilot in den Kommunikationsfluss beginnt idealerweise mit einem gezielten Ansatz. Ich empfehle diese bewährten Praktiken:

1. **Kommunikationsmuster analysieren**: Untersuchen Sie, wo in Ihrem Team die meisten Kommunikationsherausforderungen auftreten.
2. **Prioritäten setzen**: Beginnen Sie mit der Optimierung der kritischsten Kommunikationspunkte.
3. **Templates entwickeln**: Erstellen Sie Vorlagen für wiederkehrende Kommunikationsszenarien, die mit Copilot genutzt werden können.
4. **Iterativ verbessern**: Sammeln Sie Feedback zur optimierten Kommunikation und passen Sie die Copilot-Nutzung entsprechend an.
5. **Wissenstransfer fördern**: Sorgen Sie dafür, dass erfolgreiche Kommunikationsstrategien mit Copilot im gesamten Team geteilt werden.

Ein Produktmanager teilte mit: "Diese systematische Herangehensweise hat nicht nur unsere Kommunikation verbessert, sondern auch eine Kultur des kontinuierlichen Lernens gefördert, wie wir Copilot am besten für unsere spezifischen Teamherausforderungen einsetzen können."

Besonders wertvoll ist die Kombination von Dokumentenbearbeitung und Kommunikation in einem integrierten Workflow. Microsoft 365 Copilot kann hier als Brücke fungieren, indem es:

- Diskussionen aus Teams in Dokumente überträgt
- Dokumentänderungen in Kommunikationskanälen zusammenfasst
- Aktionspunkte aus beiden Bereichen extrahiert und verfolgt
- Wissenslücken identifiziert und Lösungsvorschläge unterbreitet

- Entscheidungsprozesse dokumentiert und transparent macht

Eine Teamleiterin aus dem Consulting-Bereich beschrieb den Mehrwert: "Diese Integration von Dokumentenarbeit und Kommunikation hat bei uns zu einer völlig neuen Qualität der Zusammenarbeit geführt. Nichts fällt mehr zwischen die Lücken, und jeder ist immer auf dem gleichen Informationsstand."

Die Zusammenarbeit in verteilten Teams stellt besondere Herausforderungen dar, die durch Copilot adressiert werden können. In meinen internationalen Projekten habe ich diese Strategien als besonders effektiv erlebt:

- **Asynchrone Zusammenarbeit optimieren**: Copilot kann Aktualisierungen und Zusammenfassungen für Teammitglieder in verschiedenen Zeitzonen erstellen.
- **Kulturelle Nuancen berücksichtigen**: Die KI kann helfen, Kommunikation kulturell angemessen zu gestalten.
- **Sprachbarrieren überwinden**: Über die reine Übersetzung hinaus kann Copilot Kontext und Bedeutung vermitteln.
- **Wissenstransfer beschleunigen**: Neue Teammitglieder können mit Copilot schneller eingearbeitet werden.
- **Dokumentation verbessern**: Die automatisierte Dokumentation von Entscheidungen und Prozessen wird erleichtert.

Ein CIO eines internationalen Unternehmens teilte mit: "Seit wir Copilot für unsere standortübergreifende Zusammenarbeit nutzen, haben wir eine spürbare Verbesserung in der Kohärenz unserer Teams erlebt. Die Qualität unserer gemeinsamen Arbeit ist auf ein neues Niveau gestiegen."

Die Sicherheits- und Compliance-Aspekte bei der kollaborativen Nutzung von Copilot dürfen nicht vernachlässigt werden. Gerade in deutschen Unternehmen mit strengen Datenschutzrichtlinien empfehle ich:

1. **Klare Richtlinien erstellen**: Definieren Sie, welche Arten von Dokumenten und Kommunikation mit Copilot bearbeitet werden dürfen.
2. **Berechtigungskonzept überprüfen**: Stellen Sie sicher, dass Copilot nur auf Informationen zugreift, die dem jeweiligen Nutzer auch zur Verfügung stehen.
3. **Sensibilisierung durchführen**: Schulen Sie Ihr Team im verantwortungsvollen Umgang mit KI-Tools bei der gemeinsamen Arbeit.
4. **Stichprobenartige Überprüfungen etablieren**: Kontrollieren Sie regelmäßig die Qualität und Angemessenheit der Copilot-generierten Inhalte.
5. **Feedback-Mechanismen implementieren**: Ermöglichen Sie dem Team, Bedenken oder Probleme mit der Copilot-Nutzung zu melden.

Ein Datenschutzbeauftragter eines Finanzdienstleisters berichtete: "Mit diesen Maßnahmen konnten wir Copilot auch in unserem stark regulierten Umfeld sicher für die Teamzusammenarbeit einsetzen und die Vorteile nutzen, ohne Compliance-Risiken einzugehen."

Die Messung des Erfolgs Ihrer optimierten Zusammenarbeit mit Copilot sollte systematisch erfolgen. Folgende KPIs haben sich in meinen Projekten als aussagekräftig erwiesen:

- **Zeitersparnis**: Reduktion der Zeit für gemeinsame Dokumentenerstellung und Review-Prozesse
- **Qualitätsverbesserung**: Abnahme von Fehlern und Inkonsistenzen in kollaborativen Dokumenten
- **Kommunikationseffizienz**: Verkürzung der Zeit bis zur Lösung von Teamherausforderungen
- **Mitarbeiterzufriedenheit**: Verbesserung der subjektiven Bewertung der Teamzusammenarbeit

- **Wissenstransfer**: Beschleunigung der Einarbeitung neuer Teammitglieder

Ein Qualitätsmanager teilte seine Erfahrung: "Die regelmäßige Messung dieser KPIs hat uns geholfen, den tatsächlichen ROI unserer Copilot-Implementierung nachzuweisen und die Akzeptanz im Unternehmen zu steigern."

Die Transformation der Zusammenarbeit durch Copilot ist kein einmaliges Projekt, sondern ein kontinuierlicher Verbesserungsprozess. Meine erfolgreichsten Klienten haben eine Kultur etabliert, in der Teams regelmäßig ihre kollaborativen Prozesse reflektieren und optimieren. Diese Reflexion führt zu immer ausgefeilteren Anwendungsfällen und einer stetig steigenden Produktivität.

Die gemeinsame Nutzung von Copilot schafft eine neue Form der Zusammenarbeit, in der Mensch und KI sich gegenseitig ergänzen und verstärken. Teams, die diese Synergie nutzen, erleben nicht nur Effizienzgewinne, sondern auch eine tiefere und befriedigendere Form der Kollaboration.

4. Fortgeschrittene Copilot-Strategien meistern: Daten analysieren und Kreativität entfesseln

Eine Revolution vollzieht sich oft in Phasen. Nach dem anfänglichen Aufbruch folgt die Vertiefung, die Nutzen und Möglichkeiten exponentiell steigert. Genau an diesem Punkt befinden wir uns jetzt in Ihrer Copilot-Reise. Mit den Grundlagen sicher etabliert und ersten Erfolgen im Rücken öffnet sich vor Ihnen ein Reich fortgeschrittener Möglichkeiten, die weit über die Automatisierung von Routineaufgaben hinausgehen.

Meine Erfahrung in der Beratung von Unternehmen zeigt mir immer wieder: Der wahre transformative Wert von Copilot entfaltet sich erst, wenn wir über die Grundfunktionen hinauswachsen und kreative, analytische Potenziale erschließen. "Nach sechs Monaten Copilot-Nutzung haben wir realisiert, dass wir bisher nur an der Oberfläche gekratzt haben", berichtete mir der CTO eines mittelständischen Fertigungsunternehmens. Eine Erkenntnis, die viele meiner Klienten teilen.

In diesem Kapitel erkunden wir die fortgeschrittenen Einsatzmöglichkeiten von Microsoft 365 Copilot, die Ihre Fähigkeiten zur Datenanalyse und kreativen Ideenfindung auf ein neues Niveau heben werden. Wir verlassen die Komfortzone der einfachen Anwendungsfälle und wagen uns in Bereiche vor, die echten Mehrwert für komplexe berufliche Herausforderungen bieten.

Der Umgang mit Daten prägt unsere moderne Arbeitswelt. Täglich werden wir mit einer Flut von Informationen konfrontiert, die wir sichten, analysieren und interpretieren müssen. Eine Teamleiterin aus dem Finanzsektor beschrieb mir ihre Situation so: "Vor Copilot verbrachte ich etwa 70% meiner Zeit damit, Daten zu sammeln und aufzubereiten, und nur 30% mit der eigentlichen Analyse. Dieses Verhältnis hat sich nun umgekehrt." Diese Erfahrung unterstreicht das Potenzial von Copilot als Werkzeug zur Datenanalyse.

Excel, traditionell das Schweizer Taschenmesser für Datenanalysen, gewinnt durch Copilot-Integration völlig neue Dimensionen. Die KI-Unterstützung ermöglicht es, komplexe Datenbestände schneller zu durchdringen, Muster zu erkennen und aussagekräftige Visualisierungen zu erstellen. In meinen Workshops erlebe ich regelmäßig, wie selbst erfahrene Excel-Nutzer verblüfft sind, wenn sie sehen, wie Copilot die Datenanalyse revolutioniert.

Konkrete Anwendungsfälle für die fortgeschrittene Datenanalyse mit Copilot umfassen:

- **Komplexe Dateninterpretationen**: Erkennung von Trends, Anomalien und Korrelationen in großen Datensätzen
- **Automatisierte Berichterstellung**: Generierung aussagekräftiger Reports mit narrativen Elementen
- **Szenarioanalysen**: Schnelles Durchspielen verschiedener "Was-wäre-wenn"-Szenarien
- **Prognosemodelle**: Entwicklung von Vorhersagen basierend auf historischen Daten
- **Datenbereinigung und -transformation**: Intelligente Aufbereitung unstrukturierter Daten

Ein Controller aus dem produzierenden Gewerbe teilte mir mit: "Copilot hat meine Arbeitsweise grundlegend verändert. Ich verbringe weniger Zeit mit der Datenaufbereitung und mehr Zeit mit strategischen Entscheidungen basierend auf den Erkenntnissen, die Copilot mir liefert."

Die Präsentation von Daten und Erkenntnissen ist genauso wichtig wie die Analyse selbst. PowerPoint, das Standard-Tool für Präsentationen, erhält durch Copilot neue Möglichkeiten, Daten und Ideen überzeugend zu visualisieren. Die KI unterstützt nicht nur bei der Strukturierung, sondern auch bei der visuellen Gestaltung und dem Storytelling, das Ihre Daten zum Leben erweckt.

Kreativität gilt oft als genuin menschliche Domäne, doch auch hier kann Copilot als wertvoller Partner fungieren. Die KI dient als Ideengenerator, der neue Perspektiven eröffnet und kreative Blockaden überwindet. Ein Marketingleiter beschrieb mir seine Erfahrung: "Copilot liefert mir nicht die perfekte Lösung, sondern inspiriert mich mit unerwarteten Blickwinkeln, die meinen eigenen kreativen Prozess beflügeln."

Die Nutzung von Copilot als Kreativitätskatalysator umfasst diese Schlüsselbereiche:

- **Brainstorming und Ideenfindung**: Generierung und Expansion von Ideen zu beliebigen Themen
- **Konzeptentwicklung**: Ausarbeitung und Verfeinerung initialer Konzepte
- **Alternative Perspektiven**: Betrachtung von Problemen aus verschiedenen Blickwinkeln
- **Überwindung von Denkblockaden**: Neue Impulse bei kreativen Sackgassen
- **Innovationsbeschleunigung**: Verkürzte Iterationszyklen durch schnelles Feedback

Die fortgeschrittene Nutzung von Copilot für Datenanalyse und Kreativität erfordert eine Weiterentwicklung Ihrer Prompt-Fähigkeiten. Die Formulierung präziser, zielgerichteter Anweisungen wird zum entscheidenden Erfolgsfaktor. Ein Data

Scientist aus der Pharmabranche teilte mir mit: "Der Unterschied zwischen einem mittelmäßigen und einem exzellenten Ergebnis liegt fast immer in der Qualität des Prompts."

Im Bereich der Datenanalyse mit Excel hat sich dieser Prompt-Ansatz bewährt:

1. **Kontext definieren**: Beschreiben Sie den Datensatz und seinen Zweck
2. **Analysetyp spezifizieren**: Legen Sie fest, welche Art von Analyse Sie benötigen
3. **Detailgrad angeben**: Bestimmen Sie, wie tief die Analyse gehen soll
4. **Ausgabeformat festlegen**: Definieren Sie, wie die Ergebnisse präsentiert werden sollen
5. **Fachspezifische Elemente einbeziehen**: Nennen Sie branchenspezifische Aspekte, die berücksichtigt werden sollten

Eine Finanzanalystin berichtete: "Diese strukturierte Herangehensweise an Prompts für Datenanalysen hat die Qualität und Relevanz der Copilot-Ergebnisse enorm verbessert. Ich erhalte jetzt Analysen, die direkt anwendbar sind."

Für kreative Aufgaben und Präsentationen sieht ein effektiver Prompt-Aufbau etwas anders aus:

- **Kreative Richtung vorgeben**: Definieren Sie den Stil, Ton und die gewünschte Wirkung
- **Zielgruppe beschreiben**: Erläutern Sie, für wen die Inhalte bestimmt sind
- **Inspirationsquellen nennen**: Verweisen Sie auf Beispiele oder Vorbilder
- **Einschränkungen kommunizieren**: Geben Sie an, was vermieden werden sollte
- **Gewünschte Emotion spezifizieren**: Beschreiben Sie, welches Gefühl vermittelt werden soll

Ein Kommunikationsexperte teilte mir seine Erfahrung mit: "Indem ich Copilot klar mitteile, welche emotionale Reaktion ich bei meiner Zielgruppe auslösen möchte, erhalte ich Vorschläge, die genau den richtigen Ton treffen."

Die Balance zwischen menschlicher Expertise und KI-Unterstützung bleibt auch bei fortgeschrittenen Anwendungen entscheidend. Copilot ersetzt nicht Ihr Fachwissen und Ihre kritische Urteilsfähigkeit, sondern verstärkt und ergänzt diese. Ein Produktmanager fasste es treffend zusammen: "Copilot liefert mir Rohmaterial und Inspiration, aber die Entscheidung, was davon wertvoll ist und wie es eingesetzt wird, treffe immer noch ich."

Diese Partnerschaft zwischen Mensch und KI erfordert ein neues Verständnis der eigenen Rolle. Statt alle Details selbst zu erarbeiten, werden Sie zum kuratierenden Experten, der die von Copilot generierten Inhalte bewertet, verfeinert und kontextualisiert. Diese Verschiebung eröffnet neue Möglichkeiten, sich auf hochwertige, strategische Tätigkeiten zu konzentrieren.

Die fortgeschrittene Nutzung von Copilot bringt auch Herausforderungen mit sich, die es zu meistern gilt:

- **Kritische Bewertung der Ergebnisse**: Die Fähigkeit, die Qualität und Genauigkeit von Copilot-Outputs zu beurteilen
- **Verfügbarkeit qualitativ hochwertiger Daten**: Sicherstellung einer soliden Datenbasis für Analysen
- **Verantwortungsvoller Umgang mit kreativen Vorschlägen**: Vermeidung von Plagiaten und Sicherstellung der Originalität
- **Technische Grenzen verstehen**: Erkennen, wann Copilot an seine Leistungsgrenzen stößt
- **Balance zwischen Automation und menschlichem Input**: Bestimmung des optimalen Grads an KI-Unterstützung

Eine IT-Leiterin beschrieb ihre Erfahrung so: "Der größte Fehler, den wir anfangs machten, war, Copilot-Ergebnisse ungeprüft zu übernehmen. Wir haben gelernt, dass die menschliche Überprüfung unerlässlich bleibt, besonders bei komplexen Analysen."

In diesem Kapitel werden wir zunächst erkunden, wie Sie Daten in Wissen verwandeln können, indem Sie Copilot für fortgeschrittene Analysen und Visualisierungen in Excel und PowerPoint nutzen. Anschließend widmen wir uns dem Bereich der Kreativität und Innovation, wo Copilot als Ideengenerator und Unterstützer bei kreativen Prozessen dient.

Die Beherrschung fortgeschrittener Copilot-Strategien markiert einen entscheidenden Schritt in Ihrer digitalen Transformation. Sie erweitern Ihr Instrumentarium um leistungsstarke Werkzeuge, die Ihnen helfen, in einer datengetriebenen, sich schnell wandelnden Arbeitswelt erfolgreich zu sein. Wie ein Strategieberater es ausdrückte: "Mit diesen fortgeschrittenen Fähigkeiten spielen Sie in einer anderen Liga."

Lassen Sie uns gemeinsam dieses neue Terrain erkunden und die volle Kraft von Copilot für anspruchsvolle analytische und kreative Aufgaben erschließen. Die Reise wird herausfordernd, aber die Belohnung in Form von tieferen Erkenntnissen, überzeugenden Präsentationen und innovativen Ideen ist die Mühe mehr als wert.

4.1 Daten in Wissen verwandeln: Copilot für Analyse und Visualisierung nutzen

4.1.1 Komplexe Daten in Excel mithilfe von Copilot schneller analysieren

Meine erste Begegnung mit der Macht von Copilot in Excel ereignete sich während eines Projekts mit einem Automobilzulieferer. Der Finanzcontroller starrte frustriert auf eine riesige Datentabelle mit über 10.000 Zeilen und Dutzenden von Spalten. "Ich verbringe jede Woche einen vollen Tag damit, diesen Datenwust zu analysieren", gestand er mir. Nach einer 30-minütigen Einführung in Copilot leuchteten seine Augen: "Das ist nicht nur eine Zeitersparnis, das verändert grundlegend, wie ich mit Daten arbeite!"

Excel gilt seit Jahrzehnten als unverzichtbares Werkzeug für Datenanalysen aller Art. Doch trotz seiner Leistungsfähigkeit stößt selbst der erfahrenste Excel-Nutzer bei komplexen Datensätzen an Grenzen. Die typischen Herausforderungen sind Ihnen vermutlich vertraut: zeitraubende Formelkonstruktionen, mühsames Aufspüren von Mustern in großen Datenmengen und die Schwierigkeit, aussagekräftige Visualisierungen zu erstellen. Genau hier setzt Copilot in Excel an und revolutioniert den Umgang mit komplexen Daten.

Der fundamentale Unterschied zwischen herkömmlicher Excel-Nutzung und der Arbeit mit Copilot liegt in der Interaktionsform. Statt mit komplizierten Formeln und manuellen Schritten arbeiten Sie nun mit natürlicher Sprache. Sie beschreiben einfach, welche Analyse Sie benötigen, und Copilot setzt dies um. Eine Führungskraft aus dem Einzelhandel drückte es so aus: "Früher musste ich entweder mühsam Formeln recherchieren oder unsere überlastete BI-Abteilung bitten, jetzt führe ich komplexe Analysen in Minuten selbst durch."

Die Stärke von Copilot in Excel entfaltet sich besonders bei diesen Analysefunktionen:

- **Musteridentifikation**: Copilot erkennt Trends, Ausreißer und Korrelationen in großen Datensätzen, die dem menschlichen Auge leicht entgehen.
- **Vorhersagemodelle**: Die KI kann basierend auf historischen Daten Prognosen erstellen und verschiedene Szenarien durchspielen.
- **Datenbereinigung**: Copilot identifiziert und korrigiert Inkonsistenzen, fehlende Werte und Formatierungsprobleme.
- **Komplexe Berechnungen**: Schwierige mathematische oder statistische Operationen werden auf einfache Anweisung hin durchgeführt.
- **Datenvisualisierung**: Die KI schlägt passende Diagrammtypen vor und erstellt aussagekräftige visuelle Darstellungen.

Um diese Funktionen optimal zu nutzen, hat sich in meinen Workshops ein strukturierter Ansatz bewährt. Ich nenne ihn das KADER-Prinzip für effektive Excel-Prompts:

- Kontext: Beschreiben Sie den Datensatz und seinen Zweck
- Analysetyp: Spezifizieren Sie, welche Art von Analyse Sie benötigen
- Detailgrad: Legen Sie fest, wie tief die Analyse gehen soll
- Ergebnisformat: Definieren Sie, wie die Ergebnisse präsentiert werden sollen
- Relevanz: Geben Sie an, welche Aspekte besonders wichtig sind

Ein Beispiel für einen effektiven Prompt nach dem KADER-Prinzip: "Diese Tabelle enthält Vertriebsdaten der letzten 8 Quartale aus 5

Regionen. Analysiere Trends und saisonale Muster für jede Produktkategorie. Identifiziere die Top-3-Wachstumstreiber und eventuelle Ausreißer. Stelle die Ergebnisse in einer übersichtlichen Pivot-Tabelle mit farblicher Hervorhebung dar. Besonders wichtig ist die Entwicklung in Region Nord und Ost."

Die Datenvorbereitung bildet die Grundlage für erfolgreiche Analysen mit Copilot. Meine Erfahrung zeigt, dass selbst die leistungsfähigste KI mit unstrukturierten oder fehlerhaften Daten nur begrenzt arbeiten kann. Für optimale Ergebnisse empfehle ich diese Vorbereitungsschritte:

1. **Strukturierte Tabellen verwenden**: Organisieren Sie Ihre Daten in klar definierte Tabellen mit eindeutigen Spaltenüberschriften.
2. **Datentypen vereinheitlichen**: Stellen Sie sicher, dass jede Spalte konsistente Datentypen enthält (z.B. nur Zahlen oder nur Datumsangaben).
3. **Leere Zeilen/Spalten entfernen**: Bereinigen Sie Ihre Tabellen von unnötigen Leerzeilen oder -spalten.
4. **Namensreferenzen nutzen**: Definieren Sie Tabellennamen für wichtige Datenbereiche, um die Referenzierung zu erleichtern.
5. **Metadaten hinzufügen**: Fügen Sie Kontext durch Kommentare oder Notizen hinzu, die Copilot für ein besseres Verständnis nutzen kann.

Ein Projektmanager aus dem Bauwesen berichtete: "Nachdem ich gelernt hatte, meine Daten 'Copilot-freundlich' zu strukturieren, verbesserte sich die Qualität der Analysen dramatisch. Die zusätzlichen 10 Minuten Vorbereitung sparen mir später Stunden."

Neben der generellen Datenanalyse eröffnet Copilot in Excel völlig neue Möglichkeiten für spezifische Anwendungsfälle. In meiner Beratungspraxis haben sich diese Szenarien als besonders wertvoll erwiesen:

- **Finanzmodellierung**: Copilot kann komplexe Finanzmodelle erstellen und verschiedene Szenarien durchrechnen. Ein CFO berichtete mir: "Was früher Tage dauerte und anfällig für Fehler war, erledigen wir jetzt in Stunden mit höherer Präzision."

- **Vertriebsanalysen**: Die KI identifiziert Verkaufstrends, Kundenverhalten und Optimierungspotenziale. Ein Vertriebsleiter teilte mit: "Copilot hat Muster in unseren Kundendaten aufgedeckt, die wir jahrelang übersehen haben."

- **Projektplanung**: Copilot unterstützt bei der Ressourcenallokation, Zeitplanung und Risikoanalyse. Eine Projektleiterin beschrieb: "Unsere Kapazitätsplanung wurde durch Copilot revolutioniert, wir können jetzt verschiedene Szenarien in Minuten durchspielen."

- **Marktforschung**: Die KI analysiert Umfragedaten, identifiziert Segmente und extrahiert wichtige Erkenntnisse. Ein Marketingmanager berichtete: "Die Tiefe der Einblicke, die wir jetzt gewinnen, hat unsere Kampageneffektivität verdoppelt."

- **Personalanalysen**: Copilot unterstützt bei der Analyse von Mitarbeiterdaten, Fluktuationsmustern und Entwicklungspotentialen. Eine HR-Leiterin teilte mit: "Wir können jetzt datengestützte Personalentscheidungen treffen, statt uns auf Bauchgefühl zu verlassen."

Bei der Arbeit mit Copilot in Excel stellen fortgeschrittene Prompt-Techniken einen entscheidenden Erfolgsfaktor dar. Diese Strategien helfen Ihnen, präzisere und tiefergehende Analysen zu erhalten:

1. **Schrittweise Anweisungen**: Bei komplexen Analysen führen Sie Copilot schrittweise durch den Prozess, statt alles in einem einzigen Prompt zu verlangen.

2. **Vergleichende Analysen**: Bitten Sie Copilot explizit, verschiedene Datensegmente zu vergleichen und Unterschiede herauszuarbeiten.
3. **Hypothesentests**: Formulieren Sie spezifische Annahmen und lassen Sie Copilot diese anhand der Daten überprüfen.
4. **Kontext-Ergänzung**: Geben Sie relevante Hintergrundinformationen, die nicht in den Daten selbst enthalten sind.
5. **Einschränkungen definieren**: Legen Sie fest, welche Faktoren oder Variablen besonders berücksichtigt oder ignoriert werden sollen.

Ein Data Analyst aus der Pharmaindustrie teilte seine Erfahrung: "Diese fortgeschrittenen Prompt-Techniken haben die Qualität meiner Analysen auf ein neues Niveau gehoben. Besonders die hypothesengetriebenen Ansätze liefern Erkenntnisse, die ich sonst übersehen hätte."

Die gemeinsame Nutzung von Copilot in Excel-Teams eröffnet neue Dimensionen der Zusammenarbeit. In einem Beratungsprojekt für ein Logistikunternehmen etablierten wir folgende Best Practices:

- **Prompt-Bibliotheken**: Das Team erstellte eine gemeinsame Sammlung bewährter Prompts für wiederkehrende Analyseaufgaben.
- **Analyse-Templates**: Für regelmäßige Berichte wurden Excel-Vorlagen mit integrierten Copilot-Anweisungen entwickelt.
- **Kollaboratives Lernen**: Erfolgreiche Analysetechniken wurden systematisch im Team geteilt und dokumentiert.
- **Qualitätssicherung**: Kritische Analysen wurden durch einen zweiten Analysten mit alternativen Prompt-Strategien validiert.
- **Wissensdatenbank**: Interessante Erkenntnisse und unerwartete Muster wurden zentral erfasst und für zukünftige Referenz gespeichert.

Der Teamleiter berichtete: "Diese strukturierte Herangehensweise hat nicht nur unsere Analysequalität verbessert, sondern auch einen wertvollen Wissensaustausch im Team gefördert."

Trotz aller Begeisterung für Copilot in Excel ist mir ein verantwortungsvoller Umgang mit den Ergebnissen wichtig. Basierend auf meiner Erfahrung empfehle ich diese Validierungsstrategien:

1. **Plausibilitätsprüfung**: Hinterfragen Sie ungewöhnliche oder unerwartete Ergebnisse kritisch.
2. **Stichprobenvalidierung**: Überprüfen Sie ausgewählte Berechnungen oder Schlussfolgerungen manuell.
3. **Alternative Analyseansätze**: Vergleichen Sie die Ergebnisse mit anderen Analysemethoden.
4. **Erklärbarkeit sicherstellen**: Sorgen Sie dafür, dass Sie die zugrundeliegende Logik verstehen und erklären können.
5. **Fachwissen einbeziehen**: Lassen Sie die Ergebnisse von Domänenexperten validieren und kontextualisieren.

Ein Controller fasste es treffend zusammen: "Copilot ist ein unglaublich leistungsfähiges Werkzeug, aber die Verantwortung für die Interpretation und Anwendung der Ergebnisse bleibt beim Menschen."

Die kontinuierliche Verbesserung Ihrer Excel-Copilot-Fähigkeiten folgt einem klaren Entwicklungspfad. Ein Finanzanalyst beschrieb seine Reise: "Ich begann mit einfachen Analyseanfragen, experimentierte dann mit verschiedenen Prompt-Variationen und entwickelte schließlich maßgeschneiderte Analysestrategien für unsere spezifischen Geschäftsanforderungen."

Die Geschwindigkeit, mit der Copilot komplexe Datenanalysen durchführt, schafft Raum für tiefergehende Interpretationen und strategische Entscheidungen. Ein Geschäftsführer teilte mir mit: "Die Zeit, die wir durch Copilot gewinnen, investieren wir jetzt in die Ableitung konkreter Handlungsempfehlungen. Wir bewegen uns von der reinen Datenanalyse zum echten Business Intelligence."

Durch die Beherrschung von Copilot in Excel für komplexe Datenanalysen erschließen Sie sich einen entscheidenden Wettbewerbsvorteil in der datengetriebenen Geschäftswelt. Sie werden nicht nur effizienter arbeiten, sondern auch tiefere Einblicke gewinnen und fundiertere Entscheidungen treffen können.

4.1.2 Überzeugende Präsentationen in PowerPoint mit Copilot-Unterstützung erstellen

"Diese Präsentation sieht aus, als hätte jemand die ganze Nacht daran gearbeitet!" Diese Worte eines Kunden nach einer von mir mit Copilot erstellten Präsentation brachten mich zum Schmunzeln. Die Wahrheit? Die Grundstruktur entstand in weniger als 30 Minuten. Solche Zeitersparnisse bei gleichzeitiger Qualitätssteigerung erlebe ich seit der Integration von Copilot in meine PowerPoint-Workflows regelmäßig, und sie stehen auch Ihnen zur Verfügung.

PowerPoint-Präsentationen gehören für viele Fach- und Führungskräfte zu den zeitaufwendigsten und gleichzeitig wichtigsten Kommunikationsmitteln im Berufsalltag. In meiner Beratungspraxis beobachte ich, dass die Erstellung überzeugender Präsentationen oft Stunden, manchmal sogar Tage in Anspruch nimmt. Die gute Nachricht: Mit Copilot können Sie diesen Prozess revolutionieren und gleichzeitig die Qualität Ihrer Präsentationen auf ein neues Niveau heben.

Der erste Schritt zur Erstellung überzeugender Präsentationen mit Copilot ist die klare Definition des Ziels und der Zielgruppe. Bevor Sie den ersten Prompt formulieren, nehmen Sie sich kurz Zeit, um diese Fragen zu beantworten:

- **Was möchten Sie mit der Präsentation erreichen?** (Informieren, überzeugen, verkaufen, schulen...)
- **Wer ist Ihre Zielgruppe?** (Führungsebene, Fachexperten, Kunden, Mitarbeiter...)
- **Welche Vorkenntnisse hat Ihre Zielgruppe zum Thema?**
- **Welche Einwände oder Fragen könnten aufkommen?**
- **Welche Handlung soll nach der Präsentation erfolgen?**

Ein Vertriebsleiter aus dem Technologiesektor teilte mir mit: "Erst als ich begann, meine Präsentationen ausgehend vom gewünschten Ergebnis zu planen, konnte ich Copilot wirklich effektiv einsetzen. Die Qualität meiner Prompts und damit der Ergebnisse stieg erheblich."

Für den Einstieg in die Präsentationserstellung mit Copilot empfehle ich den STAR-Ansatz für Ihre ersten Prompts:

- **S**ituation: Beschreiben Sie den Kontext und Anlass der Präsentation
- **T**hema: Definieren Sie das Hauptthema und die wichtigsten Unterpunkte
- **A**udience: Charakterisieren Sie die Zielgruppe und deren Bedürfnisse
- **R**esultat: Legen Sie fest, was Sie mit der Präsentation erreichen wollen

Ein Beispiel für einen effektiven Einstiegsprompt nach dem STAR-Prinzip: "Erstelle eine Präsentation für ein Führungskräftemeeting zur Einführung von Microsoft 365 Copilot in unserem Unternehmen. Die Hauptthemen sind Potenzial für Produktivitätssteigerung, notwendige Voraussetzungen, Implementierungsschritte und ROI-Betrachtung. Die Zuhörer sind Bereichsleiter mit grundlegendem IT-Verständnis, aber ohne tiefere KI-Kenntnisse. Ziel ist die Genehmigung eines Pilotprojekts mit 50 Lizenzen."

Die Strukturierung Ihrer Präsentation spielt eine entscheidende Rolle für deren Überzeugungskraft. Mit Copilot können Sie verschiedene Strukturansätze schnell testen und optimal an Ihren Zweck anpassen. Besonders bewährt haben sich diese Strukturmuster:

1. **Problem-Lösung-Struktur**: Ideal für Entscheidungsvorlagen und Verkaufspräsentationen
2. **Chronologische Struktur**: Passend für Projektberichte und Fortschrittsdarstellungen
3. **Dreisatz-Struktur**: Effektiv für überzeugende Kurzpräsentationen (These, Argumente, Handlungsaufforderung)
4. **AIDA-Prinzip**: Wirkungsvoll für Marketing-Präsentationen (Attention, Interest, Desire, Action)
5. **Frage-Antwort-Struktur**: Nützlich für interaktive Formate und komplexe Themen

Um Copilot eine dieser Strukturen zu vermitteln, ergänzen Sie Ihren Basisprompt: "Strukturiere die Präsentation nach dem Problem-Lösungs-Ansatz. Beginne mit den aktuellen Herausforderungen im Dokumentenmanagement, zeige dann, wie Copilot diese adressiert, und schließe mit konkreten Implementierungsschritten."

Das visuelle Design einer Präsentation trägt maßgeblich zu ihrer Wirkung bei. Copilot kann Ihnen helfen, professionelle und ansprechende Designs zu erstellen, die perfekt zu Ihrem Thema und Ihrer Zielgruppe passen. Meine Empfehlungen für Design-Prompts:

- **Farbwelt definieren**: "Verwende eine Farbpalette in Blautönen, die Vertrauen und Professionalität ausstrahlt."
- **Bildsprache festlegen**: "Integriere abstrakte Technologiegrafiken, die Innovation vermitteln."

- **Stilrichtung bestimmen**: "Gestalte die Folien minimalistisch mit viel Weißraum für eine klare, moderne Anmutung."
- **Konsistenz sicherstellen**: "Sorge für einheitliche Gestaltungselemente auf allen Folien."
- **Unternehmensidentität integrieren**: "Berücksichtige unser Corporate Design mit Logo in der oberen rechten Ecke und der Hausschrift Arial."

Eine Marketingleiterin berichtete mir: "Die Designvorschläge von Copilot haben unsere Präsentationen auf ein neues Level gehoben. Besonders beeindruckt hat mich die Fähigkeit, ein konsistentes visuelles Konzept über die gesamte Präsentation hinweg zu entwickeln."

Datenvisualisierungen bilden oft das Herzstück überzeugender Präsentationen. Hier glänzt Copilot mit der Fähigkeit, komplexe Daten in aussagekräftige visuelle Darstellungen zu transformieren. Für optimale Datenvisualisierungen empfehle ich diese Prompt-Ansätze:

- **Diagrammtyp spezifizieren**: "Erstelle ein Sankey-Diagramm, das den Informationsfluss von der Datenerfassung bis zur Entscheidungsfindung visualisiert."
- **Fokus setzen**: "Hebe in der Grafik besonders den Anstieg der Produktivität im dritten Quartal hervor."
- **Vergleiche ermöglichen**: "Stelle die Performance der drei Produktlinien in einem kombinierten Diagramm gegenüber."
- **Narrative unterstützen**: "Visualisiere die Daten so, dass sie unsere Erfolgsgeschichte vom schwierigen Start bis zum Durchbruch unterstützen."
- **Komplexitätsreduktion fordern**: "Vereinfache die komplexen Zusammenhänge in eine leicht verständliche Infografik."

Ein Finanzcontroller teilte mir seine Erfahrung mit: "Früher brauchte ich Stunden, um aussagekräftige Diagramme zu erstellen. Mit Copilot generiere ich verschiedene Visualisierungsoptionen in Minuten und kann mich auf die Interpretation der Daten konzentrieren statt auf die technische Umsetzung."

Das Storytelling ist der entscheidende Faktor, der eine Präsentation von informativ zu überzeugend transformiert. Copilot kann Ihnen helfen, eine packende narrative Struktur zu entwickeln, die Ihre Zuhörer emotional einbindet. Meine bewährten Prompts für besseres Storytelling:

- **Spannungsbogen aufbauen**: "Strukturiere die Präsentation als Reise von der Herausforderung über Hindernisse bis zum Erfolg."
- **Persönlichen Bezug herstellen**: "Integriere Anekdoten oder Fallbeispiele, die das Thema greifbar machen."
- **Metaphern entwickeln**: "Entwickle eine durchgängige Analogie zum Bergsteigen, die unseren Transformationsprozess veranschaulicht."
- **Emotionale Anker setzen**: "Baue emotionale Höhepunkte ein, die die Bedeutung der Ergebnisse unterstreichen."
- **Handlungsaufforderung integrieren**: "Schließe mit einem klaren, motivierenden Call-to-Action ab."

Ein Projektleiter aus dem Gesundheitssektor beschrieb seinen Aha-Moment: "Als ich Copilot bat, unsere Prozessoptimierung als Heldenreise zu erzählen, entstand eine Präsentation, die nicht nur informierte, sondern begeisterte. Die Entscheidungsträger konnten sich emotional mit unserem Projekt identifizieren."

Die Optimierung und Finalisierung Ihrer Präsentation bildet den letzten Schritt des Prozesses. Copilot kann Ihnen helfen, Ihre Präsentation zu verfeinern und auf höchstem Niveau abzuschließen. Diese iterativen Prompts haben sich in meiner Praxis bewährt:

1. **Kohärenz prüfen lassen**: "Überprüfe die Präsentation auf logische Brüche und stelle sicher, dass ein roter Faden erkennbar ist."
2. **Foliennotizen generieren**: "Erstelle prägnante Sprechernotizen für jede Folie, die die Kernbotschaft unterstützen."
3. **Übergänge optimieren**: "Entwickle flüssige Überleitungen zwischen den Hauptabschnitten."
4. **Alternativen vorschlagen**: "Schlage alternative Formulierungen für die Hauptüberschriften vor, die noch prägnanter sind."
5. **Handout ableiten**: "Erstelle ein einseitiges Handout, das die Kernpunkte der Präsentation zusammenfasst."

Eine Marketing-Direktorin fasste ihren Copilot-Workflow so zusammen: "Nach der Basisgenerierung nutze ich Copilot für iterative Verbesserungen. Dieser Dialog mit der KI führt zu Präsentationen, die genau meinen Vorstellungen entsprechen, aber in einem Bruchteil der Zeit entstehen."

Die fortgeschrittene Nutzung von Copilot für PowerPoint umfasst auch die Integration mit anderen M365-Anwendungen. Besonders wertvoll ist die Verbindung zu Excel für datengetriebene Präsentationen und zu Word für inhaltsreiche Folien. Ein effektiver Prompt könnte lauten: "Analysiere die Verkaufsdaten aus der verknüpften Excel-Tabelle und erstelle aussagekräftige Visualisierungen für die Präsentation. Ergänze die Erkenntnisse aus dem Word-Dokument 'Marktanalyse 2025' für den Ausblick."

Die Zeitersparnis durch Copilot-unterstützte Präsentationserstellung ist beeindruckend. In meinen Projekten konnte ich folgende durchschnittliche Effizienzzuwächse beobachten:

- Konzeptionelle Phase: 60% Zeitersparnis
- Inhaltliche Ausarbeitung: 70% Zeitersparnis
- Designoptimierung: 50% Zeitersparnis

- Erstellung von Sprechernotizen: 80% Zeitersparnis
- Finalisierung und Review: 40% Zeitersparnis

Diese gewonnene Zeit können Sie in die inhaltliche Vorbereitung, das Präsentationstraining oder andere wertschöpfende Tätigkeiten investieren.

Die Beherrschung von Copilot für PowerPoint eröffnet Ihnen die Möglichkeit, überzeugendere Präsentationen in kürzerer Zeit zu erstellen. Sie werden nicht nur effizienter arbeiten, sondern auch Ihre Botschaften wirkungsvoller vermitteln können. Der Unterschied zwischen einer mittelmäßigen und einer herausragenden Präsentation liegt oft nicht in der aufgewendeten Zeit, sondern in der strategischen Nutzung der richtigen Tools und Techniken.

4.2 KREATIVITÄT UND INNOVATION FÖRDERN: COPILOT ALS IDEEN-GENERATOR EINSETZEN

4.2.1 NEUE LÖSUNGSANSÄTZE UND INHALTE MIT COPILOT BRAINSTORMEN

Kreative Stagnation kennt jeder von uns. Der leere Bildschirm starrt uns an, während wir verzweifelt nach frischen Ideen suchen. In meiner Beratungspraxis erlebe ich diese Situation bei Klienten immer wieder: "Ich weiß, dass wir neue Ansätze brauchen, aber mir fehlen einfach die zündenden Ideen," gestand mir kürzlich ein Produktmanager. Diese kreative Blockade zu durchbrechen gehört zu den wertvollsten, aber oft übersehenen Fähigkeiten von Microsoft 365 Copilot.

Die Nutzung von Copilot als Ideengenerator eröffnet völlig neue Möglichkeiten für innovatives Denken und kreative Problemlösung. Während viele Nutzer sich auf die Automatisierung von Routineaufgaben konzentrieren, entdecken erst wenige das enorme Potenzial von Copilot als kreativen Sparringspartner. In diesem Abschnitt zeige ich Ihnen, wie Sie dieses Potenzial systematisch erschließen können.

Der kreative Prozess beginnt mit einem strukturierten Brainstorming. Copilot kann hier als Katalysator wirken, der Ihre eigenen Gedanken anregt und erweitert. Mit den richtigen Prompts können Sie einen dynamischen Dialog entwickeln, der zu überraschenden und wertvollen Erkenntnissen führt. Eine Marketingleiterin beschrieb ihre Erfahrung so: "Copilot liefert mir nicht nur Ideen, sondern eröffnet mir neue Denkrichtungen, die ich alleine nicht eingeschlagen hätte."

Für ein effektives Brainstorming mit Copilot hat sich in meinen Workshops folgende Vorgehensweise bewährt:

1. **Ausgangsproblem klar definieren**: Formulieren Sie präzise, welche Herausforderung Sie lösen oder welche Art von Ideen Sie generieren möchten
2. **Initialen Ideensturm durchführen**: Bitten Sie Copilot um eine erste Sammlung von Ideen oder Ansätzen
3. **Inspiration aufgreifen und vertiefen**: Wählen Sie vielversprechende Konzepte aus und lassen Sie diese weiterentwickeln
4. **Perspektivwechsel initiieren**: Fordern Sie Copilot auf, das Problem aus unterschiedlichen Blickwinkeln zu betrachten
5. **Konvergent eingrenzen**: Verdichten Sie die gesammelten Ideen zu konkreten, umsetzbaren Konzepten

Eine Produktentwicklerin aus dem Technologiebereich teilte mir ihre Erfahrung mit: "Diese strukturierte Herangehensweise hat unsere Brainstorming-Sessions transformiert. Wir generieren jetzt in einer Stunde mehr umsetzbare Ideen als früher in einem ganzen Tag."

Für den ersten Schritt des Brainstormings, die Definition des Ausgangsproblems, ist ein präziser Prompt entscheidend. Je klarer Ihre Anfrage, desto relevanter werden die generierten Ideen sein. Ich empfehle dieses Format:

- **Kontextbeschreibung**: "Wir sind ein Unternehmen im Bereich X und möchten Y verbessern/entwickeln/lösen."
- **Zielvorgabe**: "Das Ziel ist es, Z zu erreichen."
- **Rahmenbedingungen**: "Wichtige Randbedingungen sind A, B und C."
- **Ideenrichtung**: "Wir suchen nach Ansätzen, die D und E berücksichtigen."
- **Kreativitätsgrad**: "Die Ideen dürfen radikal/evolutionär/praktisch umsetzbar sein."

Ein IT-Leiter formulierte seinen Prompt so: "Wir sind ein Finanzdienstleister und möchten unseren internen Helpdesk-Prozess verbessern. Das Ziel ist es, die Reaktionszeit zu verkürzen und die Kundenzufriedenheit zu erhöhen. Wichtige Randbedingungen sind begrenzte personelle Ressourcen und hohe Datenschutzanforderungen. Wir suchen nach Ansätzen, die sowohl technische als auch organisatorische Aspekte berücksichtigen. Die Ideen sollten praktisch umsetzbar sein, dürfen aber durchaus innovative Elemente enthalten."

Nach dem initialen Ideensturm beginnt der eigentliche kreative Dialog mit Copilot. Hier sind fünf erprobte Techniken, um das Brainstorming zu vertiefen und zu erweitern:

- **Technik 1: Kombinatorisches Denken fördern** Prompt-Beispiel: "Nimm zwei der genannten Ideen und entwickle drei völlig neue Konzepte, die Elemente aus beiden kombinieren."

- **Technik 2: Gegensätzliche Perspektiven einnehmen** Prompt-Beispiel: "Betrachte das Problem aus der Sicht eines konservativen Traditionalists und dann aus der Sicht eines radikalen Innovators. Welche Lösungen würden beide vorschlagen?"

- **Technik 3: Analogien aus fremden Domänen nutzen** Prompt-Beispiel: "Wie würde dieses Problem in der Natur/im Sport/in der Kunst gelöst werden? Übertrage Prinzipien aus diesen Bereichen auf unsere Herausforderung."

- **Technik 4: Constraints als Kreativitätstreiber nutzen** Prompt-Beispiel: "Was wäre, wenn wir nur die Hälfte des Budgets/der Zeit/der Ressourcen hätten? Welche innovativen Lösungen würden dann entstehen?"

- **Technik 5: Utopisches Denken anregen** Prompt-Beispiel: "Stelle dir vor, es gäbe keine technischen, finanziellen oder organisatorischen Einschränkungen. Wie würde die ideale Lösung aussehen?"

Eine Innovationsmanagerin berichtete: "Die Technik der gegensätzlichen Perspektiven hat bei uns wahre Wunder bewirkt. Wir haben Copilot gebeten, unsere Produktidee sowohl aus der Sicht eines technikaffinen Millennials als auch eines technikaversiven Seniors zu betrachten. Die Erkenntnisse haben unser Konzept grundlegend verbessert."

Besonders wirkungsvoll ist Copilot beim Brainstorming spezifischer Inhaltstypen und kreativer Aufgaben. Hier einige konkrete Anwendungsbeispiele aus meiner Beratungspraxis:

1. **Produktnamen und Slogans entwickeln**

   - Prompt-Beispiel: "Generiere 10 kreative Namen für ein neues Produkt im Bereich nachhaltige Mobilität, das sich an urbane Berufspendler richtet. Die Namen sollten modern klingen, leicht auszusprechen sein und einen Bezug zu Nachhaltigkeit oder Effizienz haben."

2. **Content-Ideen für Marketing und Social Media**

   - Prompt-Beispiel: "Erstelle einen Content-Kalender mit 12 Themenvorschlägen für unseren B2B-Blog zum Thema Cybersicherheit. Jedes Thema sollte einen aktuellen Trend adressieren und für Entscheidungsträger in mittelständischen Unternehmen relevant sein."

3. **Designkonzepte für Präsentationen**

   - Prompt-Beispiel: "Entwickle drei unterschiedliche visuelle Konzepte für eine Präsentation zum Thema 'Zukunft der Arbeit'. Jedes Konzept sollte ein zentrales visuelles Motiv, eine Farbpalette und einen Stil für Grafiken und Diagramme umfassen."

4. **Narrative Strukturen für Pitches**

   - Prompt-Beispiel: "Schlage drei verschiedene narrative Strukturen für einen 10-minütigen Pitch unserer neuen Softwarelösung vor. Die Zielgruppe sind Finanzvorstände, die Wert auf ROI und Risikominimierung legen."

5. **Kreative Problemlösungsansätze**

- Prompt-Beispiel: "Unser Team hat Schwierigkeiten, standortübergreifend effektiv zusammenzuarbeiten. Entwickle fünf innovative Ansätze, wie wir die virtuelle Kollaboration verbessern können, ohne zusätzliche Meetings einzuführen."

Ein Marketingleiter teilte seine Erfahrung mit mir: "Für unsere Kampagne benötigten wir frische Ideen. Mit Copilot haben wir in zwei Stunden mehr kreative Konzepte generiert als in unserem letzten ganztägigen Workshop. Die Qualität war beeindruckend, und viele Ideen hätten wir selbst nie entwickelt."

Die Qualität der von Copilot generierten Ideen hängt maßgeblich von der Qualität Ihrer Prompts ab. Nach zahlreichen Workshops habe ich diese fünf Prinzipien für kreativitätsfördernde Prompts entwickelt:

1. **Spezifisch, aber nicht einengend**: Geben Sie klare Richtungen vor, ohne zu viele Einschränkungen zu setzen
2. **Diversität explizit fordern**: Bitten Sie ausdrücklich um vielfältige, unterschiedliche Ideen
3. **Ungewöhnliche Verbindungen anregen**: Fordern Sie die Verknüpfung scheinbar unzusammenhängender Konzepte
4. **Perspektivwechsel initiieren**: Bitten Sie um Betrachtung aus verschiedenen Blickwinkeln
5. **Iteratives Vorgehen planen**: Gestalten Sie einen mehrstufigen Dialog statt einer einmaligen Anfrage

Ein Produktentwickler beschrieb seinen Lernprozess so: "Anfangs waren meine Anfragen zu vage, und die Ergebnisse entsprechend unbrauchbar. Als ich lernte, spezifischere und gleichzeitig offenere

Prompts zu formulieren, verbesserte sich die Qualität der Ideen dramatisch."

Die Integration von Copilot in bestehende kreative Prozesse erfordert ein durchdachtes Vorgehen. Ich empfehle diesen dreistufigen Ansatz:

- **Phase 1: Vorbereitung** Definieren Sie klare Ziele für das Brainstorming. Sammeln Sie relevante Informationen und Kontexte, die Sie Copilot zur Verfügung stellen können.

- **Phase 2: Kollaboration** Nutzen Sie Copilot als aktiven Teilnehmer im kreativen Prozess. Wechseln Sie zwischen individueller Ideengenerierung und KI-gestütztem Brainstorming.

- **Phase 3: Synthese und Auswahl** Bewerten und kombinieren Sie die generierten Ideen. Nutzen Sie Copilot, um Konzepte zu verfeinern und konkrete nächste Schritte zu planen.

Eine Innovationsleiterin aus der Pharmaindustrie berichtete: "Dieser strukturierte Ansatz hat unsere Innovationsworkshops revolutioniert. Wir integrieren Copilot jetzt als zusätzlichen 'Teilnehmer', der sowohl eigene Ideen einbringt als auch die Konzepte des Teams weiterentwickelt."

Die gemeinsame Nutzung von Copilot im Team eröffnet besonders interessante Möglichkeiten für kollaboratives Brainstorming. In einem Beratungsprojekt für eine Werbeagentur entwickelten wir folgendes Format:

1. **Individuelle Ideengenerierung**: Jedes Teammitglied führt ein initialen Brainstorming mit Copilot durch
2. **Ideenaustausch**: Die besten Ideen werden im Team geteilt
3. **Kollaborative Vertiefung**: Das Team arbeitet gemeinsam mit Copilot an der Weiterentwicklung ausgewählter Konzepte

4. **Synthese und Konsolidierung**: Copilot hilft, die verschiedenen Ideen zu einem kohärenten Gesamtkonzept zu verbinden

Der Kreativdirektor beschrieb die Vorteile: "Diese Methode kombiniert das Beste aus beiden Welten. Wir nutzen die Diversität des Teams und die Fähigkeit von Copilot, unerwartete Verbindungen herzustellen. Das Ergebnis sind Konzepte, die sowohl originell als auch praktisch umsetzbar sind."

Die kritische Bewertung und Auswahl der generierten Ideen bleibt eine wichtige menschliche Aufgabe. Copilot kann zwar eine Vielzahl kreativer Vorschläge liefern, aber die Einschätzung ihrer Relevanz, Umsetzbarkeit und Originalität erfordert menschliches Urteilsvermögen. Ein strukturierter Bewertungsprozess umfasst typischerweise diese Kriterien:

- **Relevanz**: Wie gut adressiert die Idee das ursprüngliche Problem?
- **Originalität**: Wie neu und ungewöhnlich ist der Ansatz?
- **Umsetzbarkeit**: Wie realistisch ist die Implementierung?
- **Wirkungspotenzial**: Welchen Mehrwert könnte die Idee schaffen?
- **Anschlussfähigkeit**: Wie gut passt die Idee zu bestehenden Systemen und Prozessen?

Ein Change Manager fasste zusammen: "Copilot ist ein unglaublich wertvolles Tool für das Brainstorming, aber die endgültige Entscheidung, welche Ideen wir verfolgen, treffen wir als Team. Diese Kombination aus KI-gestützter Kreativität und menschlichem Urteilsvermögen hat sich als äußerst produktiv erwiesen."

Die Integration von Copilot in Ihre kreativen Prozesse wird mit der Zeit und Übung immer natürlicher. Sie werden feststellen, dass sich Ihr Denken erweitert und Sie Herausforderungen aus neuen Blickwinkeln betrachten. Ein Produktmanager beschrieb diese Entwicklung: "Nach einigen Monaten der Zusammenarbeit mit

Copilot hat sich meine Art zu denken verändert. Ich betrachte Probleme jetzt vielschichtiger und kann schneller verschiedene Lösungsansätze durchspielen."

4.2.2 Copilot zur Überwindung kreativer Blockaden GEZIELT NUTZEN

Der leere Bildschirm starrt mich an. Die Deadline rückt näher. Mein Kopf fühlt sich leer an. Diese Situation kennen wir alle, und sie gehört zu den frustrierendsten Erfahrungen im Berufsalltag. Kreative Blockaden können jeden treffen, unabhängig von Talent oder Erfahrung. In meiner Beratungspraxis begegne ich täglich Menschen, die unter diesem Phänomen leiden. Eine Marketingexpertin beschrieb mir ihren Zustand einmal als "mentale Mauer", vor der sie ständig stehe. Mit Microsoft 365 Copilot haben wir nun ein kraftvolles Werkzeug zur Hand, diese Mauern systematisch einzureißen.

Die Wissenschaft hinter kreativen Blockaden ist faszinierend. Unser Gehirn navigiert beim kreativen Denken zwischen fokussierter Aufmerksamkeit und divergentem Denken. Unter Stress oder Zeitdruck verengt sich unser Denken, wodurch die für Kreativität nötige Offenheit verloren geht. Copilot kann genau an diesem Punkt ansetzen, indem es als externer Stimulus fungiert, der unser Denken wieder weitet und neue Assoziationsketten ermöglicht.

In vielen Workshops habe ich eine spezifische Methodik entwickelt, um mit Copilot kreative Blockaden systematisch zu überwinden. Ich nenne diesen Ansatz die SPARK-Methode:

- **S**tartimpuls generieren: Nutzen Sie Copilot, um einen ersten Gedankenanstoß zu erhalten
- **P**erspektivwechsel initiieren: Lassen Sie sich alternative Blickwinkel aufzeigen

- **A**ssoziationsketten bilden: Erweitern Sie Ideen durch ungewöhnliche Verknüpfungen
- **R**eflexion und Auswahl: Bewerten Sie die generierten Ideen kritisch
- **K**onkretisierung und Umsetzung: Verfeinern Sie vielversprechende Ansätze

Eine Produktentwicklerin berichtete mir: "Die SPARK-Methode hat meine Arbeitsweise revolutioniert. Wenn ich feststecke, nutze ich Copilot nicht als Ersatz für meine Kreativität, sondern als Katalysator, der mein eigenes Denken wieder in Gang bringt."

Der erste Schritt zur Überwindung einer kreativen Blockade mit Copilot besteht darin, überhaupt zu beginnen. Oft ist die größte Hürde der berüchtigte "Angst vor dem leeren Blatt". Hier bewähren sich diese Prompt-Strategien für den Einstieg:

1. **Freies Brainstorming**: "Generiere 20 verschiedene Ideen zum Thema X, ohne Bewertung oder Filter. Die Ideen dürfen wild, unkonventionell oder sogar unrealistisch sein."

2. **Mind-Mapping-Ansatz**: "Erstelle eine Mind-Map zum Thema X mit mindestens 5 Hauptzweigen und jeweils 3 Unterkategorien. Beschreibe für jeden Zweig mögliche Verbindungen zu anderen Bereichen."

3. **Fiktive Szenarien**: "Stell dir vor, das Problem X wurde bereits gelöst. Beschreibe 3 völlig unterschiedliche Lösungswege, die zum Erfolg geführt haben könnten."

4. **Constrainted Creativity**: "Entwickle Lösungsansätze für X unter der Annahme, dass Y nicht verfügbar ist oder Z berücksichtigt werden muss."

5. **Analogie-Prompts**: "Wie würde ein Biologe/Architekt/Musiker das Problem X angehen? Generiere je 3 Ansätze aus diesen verschiedenen Perspektiven."

Ein Werbestratege teilte mir mit: "Der fiktive Szenario-Ansatz war mein Durchbruch. Indem ich Copilot bat, sich vorzustellen, unsere Kampagne sei bereits ein Erfolg, erhielt ich völlig neue Perspektiven, wie wir unsere Zielgruppe ansprechen könnten."

Besonders effektiv zur Überwindung kreativer Blockaden ist die gezielte Nutzung von Perspektivwechseln. Unser Gehirn neigt dazu, in gewohnten Bahnen zu denken. Copilot kann uns helfen, diese zu durchbrechen, indem es alternative Blickwinkel eröffnet. Diese Techniken haben sich in meinen Workshops bewährt:

- **Rollenbasierte Perspektiven**: Lassen Sie Copilot ein Problem aus Sicht verschiedener Stakeholder betrachten.
- **Zeitliche Perspektiven**: Bitten Sie um Betrachtungen aus der Vergangenheit oder Zukunft.
- **Kulturelle Perspektiven**: Nutzen Sie unterschiedliche kulturelle Linsen zur Problembetrachtung.
- **Emotionale Perspektiven**: Lassen Sie Lösungen aus optimistischer oder skeptischer Sicht generieren.
- **Fachliche Perspektiven**: Fordern Sie Betrachtungen aus verschiedenen Disziplinen an.

Eine Produktmanagerin aus der Pharmabranche berichtete: "Die Technik der fachlichen Perspektiven hat uns aus einer monatelangen Sackgasse befreit. Als wir Copilot baten, unser medizinisches Problem aus Sicht eines Logistikers zu betrachten, entstand die zündende Idee für unsere neue Vertriebsstrategie."

Kreative Blockaden manifestieren sich je nach Aufgabenstellung unterschiedlich. Für spezifische Blockaden-Typen habe ich gezielte Copilot-Strategien entwickelt:

1. **Bei konzeptionellen Blockaden** (wenn die grundlegende Idee fehlt):

   - **Technik**: Systematische Ideenexpansion

- **Prompt-Beispiel**: "Generiere 30 ungewöhnliche Konzepte für X. Kombiniere dann jeweils zwei zufällige Konzepte zu 15 hybriden Ideen."
- **Wirkung**: Erzeugt unerwartete Kombinationen, die neue Denkrichtungen eröffnen

2. **Bei Detailblockaden** (wenn das Grundkonzept steht, aber die Ausarbeitung stockt):

   - **Technik**: Strukturierte Detaillierung
   - **Prompt-Beispiel**: "Nimm die Idee X und entwickle für jeden dieser Aspekte drei konkrete Umsetzungsvarianten: [Liste relevanter Aspekte]."
   - **Wirkung**: Hilft, von der abstrakten Idee zu greifbaren Details zu gelangen

3. **Bei ästhetischen Blockaden** (wenn die gestalterische Umsetzung schwerfällt):

   - **Technik**: Stilexplorationen
   - **Prompt-Beispiel**: "Beschreibe das visuelle Konzept X in fünf völlig unterschiedlichen Stilrichtungen: minimalistisch, expressiv, klassisch, futuristisch und eklektisch."
   - **Wirkung**: Eröffnet neue visuelle Richtungen und ästhetische Möglichkeiten

4. **Bei narrativen Blockaden** (wenn die Story nicht fließt):

   - **Technik**: Story-Scaffolding
   - **Prompt-Beispiel**: "Entwickle für die Geschichte X drei alternative Handlungsverläufe mit unterschiedlichen Wendepunkten und emotionalen Höhepunkten."
   - **Wirkung**: Schafft narrative Gerüste, die mit eigenen Inhalten gefüllt werden können

5. **Bei Argumentationsblockaden** (wenn die überzeugende Struktur fehlt):

   - **Technik**: Perspektivische Argumentationsketten

- **Prompt-Beispiel**: "Erstelle für Position X drei unterschiedliche Argumentationslinien: eine logisch-analytische, eine emotionale und eine wertebasierte."
- **Wirkung**: Liefert verschiedene Überzeugungsstrukturen für unterschiedliche Zielgruppen

Ein Content Creator teilte mir seine Erfahrung mit: "Die Story-Scaffolding-Technik hat meine Content-Produktion komplett verändert. Statt stundenlang auf Inspiration zu warten, lasse ich mir von Copilot verschiedene narrative Rahmen vorschlagen und wähle den passendsten als Ausgangspunkt."

Die emotionale Komponente kreativer Blockaden wird oft unterschätzt. Angst vor Kritik, Perfektionismus oder Versagensängste können unsere Kreativität lähmen. Auch hier kann Copilot unterstützen, indem es einen sicheren Raum für erste, unfertige Ideen bietet. Diese psychologischen Strategien haben sich bewährt:

- **Niedrigschwellige Anfänge**: Bitten Sie Copilot um bewusst unfertige, skizzenhafte Ideen statt perfekter Lösungen.
- **Normativen Druck reduzieren**: Lassen Sie Copilot absichtlich auch "schlechte" oder "verrückte" Ideen generieren, um den inneren Kritiker zu überlisten.
- **Spielerische Exploration**: Nutzen Sie kreative Spiele und Constraints als Prompts, um den Fokus vom Ergebnis auf den Prozess zu lenken.
- **Iteratives Vorgehen**: Arbeiten Sie in kleinen, bewältigbaren Schritten statt unter dem Druck, sofort die perfekte Lösung finden zu müssen.

Eine Texterin aus der Werbebranche beschrieb ihren emotionalen Durchbruch: "Früher saß ich oft stundenlang blockiert vor dem Bildschirm. Jetzt starte ich mit einem spielerischen Prompt an

Copilot, ohne den Anspruch, das Ergebnis direkt zu verwenden. Diese Freiheit von Perfektion hat meine Kreativität wieder freigesetzt."

Die Überwindung kreativer Blockaden erfordert oft den Wechsel zwischen divergentem und konvergentem Denken. Copilot kann bei beiden Phasen unterstützen. Für das divergente Denken nutzen Sie offene, expansive Prompts. Für das konvergente Denken helfen strukturierende, fokussierende Prompts. Ein effektiver Kreativprozess mit Copilot könnte so aussehen:

1. **Divergente Phase**: "Generiere möglichst viele verschiedene Ansätze für X, ohne Einschränkungen oder Bewertungen."
2. **Erste Konvergenz**: "Betrachte die generierten Ideen und schlage 5 vor, die besonders vielversprechend erscheinen. Begründe deine Auswahl."
3. **Erneute Divergenz**: "Nimm die 3 interessantesten Ideen und entwickle für jede 5 Variationen oder Vertiefungen."
4. **Finale Konvergenz**: "Analysiere alle Ideen und entwickle einen integrierten Ansatz, der die stärksten Elemente kombiniert."

Ein Produktdesigner fasste seinen Prozess so zusammen: "Diese strukturierte Abfolge von divergentem und konvergentem Denken mit Copilot hat meinen kreativen Prozess beschleunigt. Was früher Tage dauerte, schaffe ich jetzt oft in einer fokussierten Session."

Kreative Blockaden treten nicht nur bei Einzelpersonen auf. Auch Teams können in kreative Sackgassen geraten oder unter Gruppendynamiken leiden, die Innovation hemmen. In Teamworkshops setze ich Copilot gezielt zur kollektiven Überwindung von Blockaden ein:

- **Anonyme Ideenbeiträge**: Teammitglieder können via Copilot Ideen einbringen, ohne sofortige persönliche Zuordnung.

- **Gedankenexperimente**: Das Team formuliert gemeinsam Prompts für unkonventionelle Szenarien.
- **Ideen-Iteration**: Ein Teammitglied startet eine Idee, die nächste Person nutzt Copilot, um sie weiterzuentwickeln.
- **Konstruktives Challenging**: Copilot generiert systematische Fragen und alternative Perspektiven zu Teamideen.

Ein Innovationsmanager berichtete von seiner Erfahrung: "In unserem diversitätsarm besetzten Entwicklerteam nutzen wir Copilot, um gezielt Perspektiven einzubringen, die sonst fehlen würden. Das hat unsere Innovationsfähigkeit deutlich gesteigert."

Die langfristige Überwindung kreativer Blockaden erfordert nicht nur taktische Maßnahmen, sondern strategische Ansätze. Mit diesen Strategien können Sie Ihre kreative Resilienz systematisch stärken:

1. **Persönliche Prompt-Bibliothek**: Erstellen Sie eine Sammlung bewährter Prompts für verschiedene kreative Herausforderungen.
2. **Kreativitätsroutinen**: Etablieren Sie regelmäßige Sessions mit Copilot zur Ideenentwicklung, unabhängig vom aktuellen Bedarf.
3. **Feedback-Zyklen**: Reflektieren Sie nach jeder kreativen Session, welche Prompts besonders hilfreich waren und warum.
4. **Cross-Training**: Nutzen Sie Copilot, um auch in themenfremden Bereichen kreativ zu sein und neue Denkpfade zu entwickeln.
5. **Ideenbank anlegen**: Sammeln Sie überschüssige Ideen systematisch für zukünftige Projekte.

Eine UX-Designerin teilte ihre Langzeitstrategie: "Ich führe ein digitales Kreativ-Tagebuch, in dem ich erfolgreiche Prompts und überraschende Copilot-Antworten sammle. Diese Bibliothek ist meine Versicherung gegen zukünftige Blockaden."

Die bewusste Nutzung von Copilot zur Überwindung kreativer Blockaden verändert nicht nur einzelne Arbeitsergebnisse, sondern transformiert langfristig Ihre kreative Praxis. Sie entwickeln eine neue Form der Zusammenarbeit mit KI, die Ihre menschlichen kreativen Fähigkeiten nicht ersetzt, sondern erweitert und verstärkt.

5. Die Copilot-Transformation verankern: Nachhaltig profitieren und zukunftssicher bleiben

Der Weg zur erfolgreichen Nutzung von Microsoft 365 Copilot gleicht einer Expedition. Wir haben die notwendigen Vorbereitungen getroffen, die ersten Schritte gewagt, routinierte Abläufe etabliert und fortgeschrittene Techniken gemeistert. Doch wie bei jeder bedeutenden Transformation liegt die wahre Herausforderung nicht im anfänglichen Wandel, sondern in seiner nachhaltigen Verankerung. In meiner langjährigen Beratungspraxis erlebe ich immer wieder, dass vielversprechende Technologieprojekte nach einer Phase der Begeisterung in Vergessenheit geraten, wenn sie nicht systematisch in der Unternehmenskultur verankert werden.

Diese fünfte und letzte Etappe unserer Copilot-Reise widmet sich genau dieser entscheidenden Phase. Wir werden erkunden, wie Sie die gewonnenen Erkenntnisse und Fähigkeiten dauerhaft in Ihren beruflichen Alltag integrieren, Widerstände überwinden und eine Kultur des kontinuierlichen Lernens etablieren können. Das Ziel ist klar: Copilot soll nicht nur ein temporäres Experiment sein, sondern ein fest verankertes Werkzeug, das Sie und Ihr Team langfristig produktiver, kreativer und zufriedener macht.

Meine Erfahrungen mit Hunderten von Klienten zeigen, dass die nachhaltige Verankerung der Copilot-Transformation auf vier Säulen ruht:

- **Menschliche Akzeptanz**: Die Überwindung von Ängsten und Widerständen auf individueller und Teamebene
- **Organisatorische Integration**: Die Einbettung in bestehende Prozesse und Strukturen
- **Kontinuierliche Weiterentwicklung**: Der fortlaufende Ausbau von Fähigkeiten und Anwendungsfällen
- **Strategische Zukunftsausrichtung**: Die vorausschauende Anpassung an sich verändernde Anforderungen

Ein IT-Leiter aus dem Gesundheitswesen teilte mir seine Erfahrung mit: "Nach der technischen Implementierung von Copilot dachten wir, das Schwierigste läge hinter uns. Doch die wirkliche Herausforderung begann erst: Wie bringen wir unsere Mitarbeiter dazu, die neuen Möglichkeiten tatsächlich zu nutzen und alte Gewohnheiten abzulegen?" Diese Frage steht im Mittelpunkt dieses Kapitels.

Die menschliche Komponente bildet den Ausgangspunkt für jede erfolgreiche Transformation. Technologische Veränderungen scheitern selten an technischen Problemen, sondern an menschlichen Widerständen. Ein Change Manager aus der Automobilbranche beschrieb mir seine Beobachtung so: "Die größte Hürde war nicht die Technologie selbst, sondern die Überzeugung der Mitarbeiter, dass Copilot ihre Arbeit erleichtern und nicht komplizierter machen würde."

In diesem Kapitel werden wir praxiserprobte Strategien kennenlernen, um genau diese Überzeugungsarbeit zu leisten. Wir werden untersuchen, wie Sie typische Widerstände gegen KI-Technologien identifizieren und gezielt adressieren können. Dabei werde ich konkrete Kommunikationsansätze vorstellen, die in verschiedenen Unternehmenskontexten erfolgreich waren.

Eine besondere Rolle spielt dabei die Identifikation und Förderung von "Copilot-Champions" – Mitarbeitern, die als Vorbilder und Multiplikatoren fungieren. Eine Personalentwicklerin aus dem Bankensektor beschrieb ihre Strategie: "Wir haben bewusst in jedem Team einen Copilot-Experten ausgebildet, der als Ansprechpartner dient und positive Anwendungsbeispiele teilt. Diese organische Verbreitung war viel effektiver als zentrale Schulungsmaßnahmen."

Der zweite zentrale Aspekt dieses Kapitels behandelt die Etablierung einer Kultur des kontinuierlichen Lernens im Umgang mit KI. Die Geschwindigkeit, mit der sich Technologien wie Copilot weiterentwickeln, erfordert eine neue Herangehensweise an Wissensaufbau und -teilung. Statt einmaliger Schulungen braucht es fortlaufende Lernformate und einen aktiven Austausch von Best Practices.

Meine Arbeit mit verschiedenen Organisationen hat gezeigt, dass erfolgreiche Lernkulturen im KI-Kontext durch diese Elemente geprägt sind:

- **Experimentierräume**: Geschützte Bereiche, in denen Mitarbeiter neue Anwendungsfälle für Copilot ohne Erfolgsdruck testen können
- **Wissensaustausch-Formate**: Regelmäßige Sessions, in denen Erfolgsgeschichten und Lernerfahrungen geteilt werden
- **Zugängliche Dokumentation**: Sammlungen bewährter Prompts und Workflows
- **Bereichsübergreifender Dialog**: Austausch zwischen verschiedenen Abteilungen über spezifische Anwendungsfälle
- **Kontinuierliches Feedback**: Systematische Erfassung von Nutzereindrücken und Verbesserungsvorschlägen

Ein Abteilungsleiter aus dem Logistikbereich teilte mir mit: "Der Wendepunkt in unserer Copilot-Adaption war die Einführung wöchentlicher 'Copilot-Cafés', in denen Mitarbeiter ihre Erfolgsgeschichten und Herausforderungen teilen. Diese 30-minütigen Sessions haben mehr bewirkt als tagelange Schulungen."

Die langfristige Sicherung der Vorteile durch die Integration von Copilot stellt den dritten Schwerpunkt dieses Kapitels dar. Hier geht es darum, wie Sie die anfänglichen Effizienzgewinne in dauerhafte Produktivitätssteigerungen umwandeln können. Dies erfordert eine systematische Herangehensweise an die kontinuierliche Verbesserung Ihrer Copilot-Nutzung.

Basierend auf meinen Beratungserfahrungen habe ich einen vierstufigen Prozess entwickelt, der dabei hilft, die Copilot-Nutzung stetig zu optimieren:

1. **Messen**: Erfassen Sie regelmäßig relevante Kennzahlen wie Zeitersparnis, Qualitätsverbesserung oder Nutzerzufriedenheit
2. **Analysieren**: Identifizieren Sie Muster, Erfolgsgeschichten und Verbesserungspotenziale
3. **Optimieren**: Passen Sie Workflows, Prompts und Prozesse basierend auf den Erkenntnissen an
4. **Standardisieren**: Überführen Sie bewährte Praktiken in wiederverwendbare Standards für das gesamte Team

Ein Controller aus dem Einzelhandel beschrieb seine Erfahrung so: "Nachdem wir begonnen hatten, die durch Copilot gesparte Zeit systematisch zu erfassen, konnten wir den ROI klar beziffern. Dies überzeugte auch ursprüngliche Skeptiker in der Geschäftsführung, die Nutzung weiter auszubauen."

Die zukunftsorientierte Anpassung an die KI-gestützte Arbeitswelt bildet den vierten Schwerpunkt dieses Kapitels. In einer Zeit rasanter technologischer Entwicklungen ist es entscheidend, nicht nur auf aktuelle Anforderungen zu reagieren, sondern auch proaktiv kommende Veränderungen zu antizipieren.

Meine Beobachtungen in verschiedenen Branchen zeigen, dass erfolgreiche Organisationen diesen zukunftsorientierten Ansatz durch folgende Praktiken umsetzen:

- **Technologie-Monitoring**: Systematische Beobachtung von Entwicklungen im Bereich KI und Microsoft 365
- **Kompetenzentwicklung**: Proaktive Förderung von Fähigkeiten, die in einer KI-gestützten Arbeitswelt wertvoll sind
- **Szenario-Planung**: Entwicklung verschiedener Zukunftsszenarien und entsprechender Handlungsoptionen
- **Ethische Reflexion**: Kontinuierliche Auseinandersetzung mit ethischen Implikationen der KI-Nutzung
- **Netzwerkaufbau**: Austausch mit anderen Organisationen über Best Practices und Zukunftstrends

Eine Innovationsmanagerin aus der Versicherungsbranche berichtete: "Wir haben eine kleine, bereichsübergreifende 'AI Future Task Force' eingerichtet, die regelmäßig Trends analysiert und Empfehlungen für unsere langfristige KI-Strategie entwickelt. Dies hat uns geholfen, frühzeitig auf neue Entwicklungen zu reagieren."

Die Verknüpfung persönlicher Entwicklung mit organisatorischem Wandel spielt in diesem Kapitel eine besondere Rolle. Die Transformation durch Copilot ist niemals nur technologischer Natur, sondern immer auch ein persönlicher Entwicklungsprozess für jeden Einzelnen. Ihre eigene Haltung und Ihr Entwicklungsweg als Führungskraft oder Teammitglied haben entscheidenden Einfluss auf den Erfolg der gesamten Initiative.

Ein Team-Coach aus dem Bildungsbereich teilte mir eine wichtige Erkenntnis mit: "Der Schlüssel zur nachhaltigen KI-Transformation liegt in der Balance zwischen individueller Ermächtigung und gemeinsamer Vision. Jeder Mitarbeiter muss seinen persönlichen Nutzen erkennen, gleichzeitig aber auch das größere Bild verstehen."

In den folgenden Abschnitten werden wir diese vier Schwerpunkte vertiefen und konkrete Strategien, Werkzeuge und Beispiele vorstellen, die Ihnen helfen, die Copilot-Transformation nachhaltig zu verankern. Wir werden untersuchen, wie Sie Akzeptanz im Team fördern, eine Kultur des kontinuierlichen Lernens etablieren, langfristige Vorteile sichern und Ihre berufliche Entwicklung zukunftsorientiert gestalten können.

Die Reise mit Copilot ist kein Projekt mit definiertem Endpunkt, sondern ein kontinuierlicher Entwicklungsprozess. Mit den richtigen Strategien und einer proaktiven Haltung können Sie sicherstellen, dass die anfänglichen Produktivitätsgewinne nicht nur erhalten bleiben, sondern sich im Laufe der Zeit sogar verstärken. Sie positionieren sich und Ihr Team damit optimal für die Herausforderungen und Chancen der KI-gestützten Arbeitswelt von morgen.

5.1 VERÄNDERUNG ERFOLGREICH MANAGEN: AKZEPTANZ FÖRDERN UND WIDERSTÄNDE ABBAUEN

5.1.1 STRATEGIEN ZUR EINFÜHRUNG VON COPILOT IM TEAM ENTWICKELN

Technisch brillante Lösungen scheitern oft an der menschlichen Komponente. Diese Einsicht begleitet mich seit Jahren in meiner Beratungspraxis. In einem mittelständischen Logistikunternehmen erlebte ich, wie der technisch perfekt vorbereitete Copilot-Rollout fast zum Stillstand kam, weil die Teamdynamik unterschätzt wurde. Der IT-Leiter, sichtlich frustriert, fragte mich: "Warum nutzen unsere Mitarbeiter diese großartige Technologie nicht, obwohl wir alles vorbereitet haben?" Die Antwort lag nicht in der Technik, sondern in der fehlenden Change-Management-Strategie.

Die Einführung von Copilot in Ihrem Team unterscheidet sich fundamental von klassischen Software-Rollouts. Während herkömmliche Anwendungen meist vorgegebene Funktionen und Workflows bieten, verändert Copilot die grundlegende Art des Arbeitens. Diese tiefgreifende Transformation erfordert einen durchdachten Change-Management-Ansatz, der sowohl rationale als auch emotionale Aspekte berücksichtigt.

Meine Erfahrung aus zahlreichen Transformationsprojekten zeigt, dass erfolgreiche Copilot-Einführungen auf fünf zentralen Strategiesäulen basieren:

- **Verständnis schaffen**: Die Funktionsweise und Vorteile von Copilot transparent vermitteln
- **Bedenken adressieren**: Typische Sorgen und Widerstände proaktiv ansprechen
- **Erfolge sichtbar machen**: Schnelle Gewinne demonstrieren und kommunizieren

- **Fähigkeiten aufbauen**: Kontinuierliche Lernmöglichkeiten bieten
- **Kultur entwickeln**: Eine offene, experimentierfreudige Teamkultur fördern

Eine Führungskraft aus dem Bankensektor teilte mir ihre Erkenntnis mit: "Der entscheidende Wendepunkt in unserer Copilot-Einführung war, als wir vom Technologie-Fokus zum Menschen-Fokus wechselten. Erst dann begann die echte Transformation."

Die erste Strategiesäule bildet das fundierte Verständnis von Copilot im Team. Menschen akzeptieren nur, was sie verstehen. Ein reines "Verkaufen" der Vorteile reicht nicht aus. Vielmehr gilt es, ein grundlegendes Verständnis dafür zu schaffen, wie Copilot funktioniert, was er kann und wo seine Grenzen liegen. Für diese Verständnisbildung haben sich folgende Formate bewährt:

1. **Interaktive Demonstrationen**: Zeigen Sie Copilot live in Aktion mit realen Arbeitssituationen aus dem Teamalltag
2. **Persönliche Erfolgsgeschichten**: Teilen Sie eigene Erfahrungen, wie Copilot Ihre Arbeit verändert hat
3. **Offene Experimentierräume**: Schaffen Sie geschützte Zeitfenster zum unverbindlichen Ausprobieren
4. **Erklärvideos und Kurzanleitungen**: Bieten Sie niedrigschwellige Einstiegsmöglichkeiten
5. **Analogien und Metaphern**: Erklären Sie komplexe KI-Konzepte durch verständliche Vergleiche

Eine Personalentwicklerin aus dem Gesundheitswesen berichtete: "Die interaktiven Demo-Sessions waren der Durchbruch. Als die Mitarbeiter sahen, wie Copilot für genau ihre täglichen Herausforderungen Lösungen bietet, wechselte die Stimmung von Skepsis zu Neugier."

Die zweite Strategiesäule umfasst das proaktive Adressieren von Bedenken und Widerständen. Jede Veränderung ruft natürliche

Abwehrreaktionen hervor. Diese zu ignorieren oder als irrational abzutun, verstärkt sie nur. Stattdessen empfehle ich eine systematische Herangehensweise:

- **Offene Feedbackkultur etablieren:** Schaffen Sie sichere Räume, in denen Bedenken ohne negative Konsequenzen geäußert werden können
- **Typische Sorgen antizipieren:** Bereiten Sie sich auf die häufigsten Einwände vor und entwickeln Sie empathische Antworten
- **Individuelle Perspektiven respektieren:** Akzeptieren Sie, dass verschiedene Teammitglieder unterschiedlich lange für die Akzeptanz brauchen
- **Transparenz über Grenzen:** Kommunizieren Sie ehrlich, was Copilot (noch) nicht kann und wo menschliche Expertise unersetzlich bleibt
- **Datenschutzfragen klären:** Adressieren Sie Bedenken zu Datensicherheit und DSGVO-Konformität faktisch und transparent

Ein IT-Leiter teilte mir mit: "Die größten Widerstände entstanden nicht aus technischen Bedenken, sondern aus diffusen Ängsten um die eigene Rolle. Als wir gezielt darüber sprachen, wie Copilot Routineaufgaben übernimmt und mehr Raum für wertschöpfende Tätigkeiten schafft, lösten sich viele Blockaden."

Die dritte zentrale Strategiesäule fokussiert auf das Sichtbarmachen von Erfolgen. Nichts überzeugt stärker als greifbare, relevante Ergebnisse. Beim Copilot-Rollout empfehle ich diese Taktiken zur Erfolgssichtbarmachung:

1. **Quick-Win-Katalog entwickeln:** Identifizieren Sie einfache, sofort umsetzbare Anwendungsfälle mit hohem Nutzen
2. **Vorher-Nachher-Vergleiche:** Dokumentieren Sie Zeitersparnis oder Qualitätsverbesserungen konkret und quantifizierbar

3. **Erfolgsgeschichten teilen**: Etablieren Sie regelmäßige Formate zum Austausch positiver Erfahrungen
4. **Teamübergreifendes Lernen**: Organisieren Sie abteilungsübergreifende Showcases zu gelungenen Implementierungen
5. **Messbaren Fortschritt visualisieren**: Machen Sie die kollektiven Erfolge durch Visualisierungen für alle sichtbar

Eine Abteilungsleiterin aus dem Fertigungsbereich berichtete: "Wir haben einen wöchentlichen 15-minütigen 'Copilot-Moment' eingeführt, in dem Teammitglieder ihre besten Entdeckungen teilen. Diese kurzen Erfolgsgeschichten haben mehr bewirkt als alle formellen Schulungen zusammen."

Die vierte Strategiesäule betrifft den systematischen Aufbau von Fähigkeiten im Team. Copilot erfordert neue Kompetenzen, die kontinuierlich entwickelt werden müssen. Für den nachhaltigen Kompetenzaufbau empfehle ich diesen Ansatz:

- **Bedarfsorientierte Lernformate**: Bieten Sie vielfältige Lernmöglichkeiten für unterschiedliche Präferenzen an
- **Mikrolernen fördern**: Integrieren Sie kurze Lerneinheiten in den Arbeitsalltag statt ausgedehnter Schulungen
- **Peer-Learning etablieren**: Fördern Sie den Wissensaustausch zwischen Kollegen auf Augenhöhe
- **Experimentieren belohnen**: Schaffen Sie Anreize für das Ausprobieren neuer Anwendungsfälle
- **Fortgeschrittene Techniken schrittweise einführen**: Bauen Sie das Kompetenzniveau systematisch aus

Ein Teamleiter aus dem Versicherungsbereich teilte seine Erfahrung: "Der Durchbruch kam, als wir in jedem Team einen 'Copilot-Champion' ernannten. Diese informellen Multiplikatoren haben das Wissen organisch im Unternehmen verbreitet und als Ansprechpartner Berührungsängste abgebaut."

Die fünfte Strategiesäule zielt auf die Entwicklung einer unterstützenden Teamkultur. Die nachhaltige Verankerung von Copilot gelingt nur in einem Umfeld, das Offenheit, Lernen und kontinuierliche Verbesserung fördert. Zur Kulturentwicklung haben sich diese Maßnahmen bewährt:

1. **Führungskräfte als Vorbilder**: Demonstrieren Sie als Führungsperson selbst aktiv die Nutzung von Copilot
2. **Fehlertoleranz etablieren**: Schaffen Sie ein Klima, in dem Experimente auch scheitern dürfen
3. **Kollaboratives Lernen fördern**: Richten Sie gemeinsame Lernräume ein, physisch oder virtuell
4. **Kontinuierliche Reflexion einbauen**: Etablieren Sie regelmäßige Formate zum Erfahrungsaustausch
5. **Innovation wertschätzen**: Würdigen Sie besonders kreative oder effektive Copilot-Anwendungen

Eine Change-Managerin berichtete: "In unserem Unternehmen war der kulturelle Wandel der eigentliche Schlüssel. Als wir begannen, experimentierfreudiges Verhalten aktiv zu würdigen statt nur Perfektion zu belohnen, nahm die Copilot-Nutzung sprunghaft zu."

Die zeitliche Taktung der Copilot-Einführung spielt eine entscheidende Rolle. Eine zu schnelle Einführung überfordert, während eine zu langsame Implementierung Momentum verliert. Basierend auf meinen Projekterfahrungen empfehle ich diesen Phasenansatz:

- **Phase 1 - Sensibilisierung** (2-4 Wochen): Informationen bereitstellen, Verständnis schaffen, Bedenken adressieren
- **Phase 2 - Pilotierung** (4-6 Wochen): Erste Anwendungsfälle mit ausgewählten Teams testen, Erfolge dokumentieren
- **Phase 3 - Skalierung** (2-3 Monate): Schrittweise Ausweitung auf weitere Teams, Anpassung basierend auf Erkenntnissen

- **Phase 4 - Verankerung** (fortlaufend): Integration in reguläre Arbeitsprozesse, kontinuierliche Verbesserung

Ein Projektmanager aus dem Einzelhandel teilte mit: "Die Pilotphase war entscheidend. Wir konnten Kinderkrankheiten beheben und Erfolgsgeschichten sammeln, bevor wir in die breite Umsetzung gingen. Das hat uns vor vielen Problemen bewahrt."

Der Aufbau eines Netzwerks von Copilot-Champions bildet eine besonders wirksame Strategie, die ich in fast allen erfolgreichen Implementierungsprojekten beobachtet habe. Diese Schlüsselpersonen fungieren als Brückenbauer zwischen IT und Fachabteilungen sowie als Multiplikatoren im täglichen Arbeitskontext. Für die Entwicklung eines effektiven Champion-Netzwerks empfehle ich:

1. **Freiwillige identifizieren**: Suchen Sie nach intrinsisch motivierten Mitarbeitern mit Technologieaffinität
2. **Vertiefte Qualifizierung bieten**: Investieren Sie in deren Expertise durch spezielle Trainings
3. **Regelmäßigen Austausch etablieren**: Schaffen Sie Formate für die Vernetzung der Champions untereinander
4. **Sichtbarkeit gewährleisten**: Machen Sie die Champions und ihre Rolle im Unternehmen bekannt
5. **Wertschätzung zeigen**: Würdigen Sie das Engagement dieser Schlüsselpersonen angemessen

Eine Personalreferentin fasste zusammen: "Unsere Copilot-Champions waren der eigentliche Erfolgsfaktor. Sie sprachen die Sprache der Fachabteilungen und konnten die Mehrwerte von Copilot in den jeweiligen fachlichen Kontext übersetzen."

Die erfolgreiche Einführung von Copilot in Ihrem Team erfordert nicht nur technisches Know-how, sondern vor allem ein tiefes Verständnis der menschlichen Dynamik bei Veränderungsprozessen. Mit den vorgestellten Strategien schaffen

Sie die Grundlage für eine nachhaltige Transformation, die nicht nur die Effizienz steigert, sondern auch die Zufriedenheit und das Engagement Ihrer Teammitglieder fördert.

5.1.2 EINE KULTUR DES KONTINUIERLICHEN LERNENS IM UMGANG MIT KI ETABLIEREN

Wissen veraltet heute schneller als je zuvor. Diese Erkenntnis traf mich besonders intensiv während eines Projekts mit einem traditionsreichen deutschen Maschinenbauunternehmen. Der Geschäftsführer gestand mir: "Als wir vor drei Monaten Copilot eingeführt haben, dachten wir, eine einmalige Schulung würde genügen. Jetzt merken wir, dass unsere Mitarbeiter zwar die Grundlagen beherrschen, aber die fortgeschrittenen Möglichkeiten ungenutzt bleiben." Dieses Szenario begegnet mir regelmäßig in meinen Beratungsprojekten und verdeutlicht eine zentrale Herausforderung: Die nachhaltige Verankerung von Copilot erfordert eine Kultur des kontinuierlichen Lernens.

Die Implementierung einer solchen Lernkultur geht weit über traditionelle Schulungskonzepte hinaus. Es geht nicht darum, einmalig Wissen zu vermitteln, sondern einen organisatorischen Rahmen zu schaffen, der ständiges Experimentieren, Entdecken und Wissensaustausch fördert. Meine Erfahrung zeigt, dass Unternehmen mit einer etablierten Lernkultur typischerweise dreimal schneller in der Lage sind, neue KI-Funktionen gewinnbringend zu nutzen als solche mit einem starren Schulungsansatz.

Die Etablierung einer Kultur des kontinuierlichen Lernens für Copilot basiert auf fünf Kernprinzipien, die ich in meinen Beratungsprojekten immer wieder als erfolgsentscheidend identifiziert habe:

- **Offenheit für Experimente**: Schaffen Sie einen sicheren Raum für das Ausprobieren neuer Anwendungsfälle ohne Angst vor Fehlern.
- **Wissensaustausch fördern**: Etablieren Sie Strukturen, die den organischen Austausch von Erkenntnissen und Best Practices unterstützen.
- **Reflexion integrieren**: Bauen Sie regelmäßige Reflexions- und Feedback-Schleifen in den Arbeitsalltag ein.
- **Eigenverantwortung stärken**: Geben Sie Mitarbeitern die Verantwortung und die Ressourcen für ihre eigene Lernreise.
- **Führung als Vorbild**: Führungskräfte müssen selbst kontinuierliches Lernen vorleben und aktiv fördern.

Eine Personalentwicklerin aus dem Finanzsektor beschrieb mir ihren Ansatz: "Wir haben erkannt, dass formelle Trainings allein nicht ausreichen. Stattdessen haben wir ein Ökosystem des Lernens geschaffen, in dem das Entdecken und Teilen von Copilot-Anwendungsfällen Teil unserer täglichen Arbeit geworden ist."

Die konkrete Umsetzung dieser Lernkultur erfordert durchdachte Formate und Strukturen. Basierend auf meinen Implementierungserfahrungen empfehle ich diese bewährten Formate für das kontinuierliche Lernen mit Copilot:

1. **Copilot-Cafés**: Informelle, 30-minütige Treffen, bei denen Teammitglieder neue Erkenntnisse und Anwendungsfälle teilen.
2. **Learning Labs**: Geschützte Zeitfenster, in denen Mitarbeiter neue Copilot-Anwendungsfälle erkunden können.
3. **Micro-Learning-Impulse**: Kurze, fokussierte Lerneinheiten zu spezifischen Copilot-Funktionen, integriert in den Arbeitsalltag.

4. **Peer-Coaching-Tandems**: Bildung von Lernpartnerschaften zum gegenseitigen Unterstützen und Inspirieren.

5. **Erfolgsgeschichten-Sammlung**: Systematische Dokumentation gelungener Anwendungsbeispiele in einer zugänglichen Datenbank.

Ein IT-Leiter eines Handelsunternehmens teilte seine Erfahrung mit: "Die Einführung von wöchentlichen 30-minütigen 'Copilot-Cafés' hat die Nutzungsintensität und -vielfalt in unserem Unternehmen dramatisch gesteigert. Diese niedrigschwelligen Austauschformate wirken effektiver als jedes formelle Training."

Digitale Plattformen spielen eine zentrale Rolle bei der Förderung des kontinuierlichen Lernens. Microsoft 365 bietet selbst hervorragende Möglichkeiten, um Wissensaustausch zu Copilot zu unterstützen. Für die optimale Nutzung dieser Möglichkeiten empfehle ich:

- **Teams-Kanal einrichten**: Schaffen Sie einen dedizierten Kanal für Copilot-Tipps, Fragen und Erfolgsgeschichten.
- **SharePoint-Wissensdatenbank aufbauen**: Entwickeln Sie eine strukturierte Sammlung von Best Practices, Prompt-Vorlagen und Anwendungsbeispielen.
- **Viva Learning nutzen**: Integrieren Sie selbst erstellte Microlearning-Inhalte zu Copilot in die Lernplattform.
- **Yammer-Community gründen**: Etablieren Sie eine unternehmensweite Community für den informellen Austausch über Copilot.
- **OneNote-Notizbücher teilen**: Fördern Sie die kollaborative Dokumentation von Experimenten und Erkenntnissen.

Eine Digital Learning Managerin aus dem produzierenden Gewerbe beschrieb ihren Ansatz: "Wir haben nicht nur einen Teams-Kanal eingerichtet, sondern auch einen wöchentlichen 'Copilot-Tipp der Woche', der automatisch über unsere internen

Kommunikationskanäle geteilt wird. Diese regelmäßigen Impulse halten das Thema präsent und inspirieren zum Ausprobieren."

Die Rolle von Führungskräften bei der Etablierung einer Lernkultur kann kaum überschätzt werden. In meinen Implementierungsprojekten zeigt sich immer wieder: Führungskräfte müssen nicht nur Lernformate ermöglichen, sondern selbst aktiv teilnehmen und vorleben. Konkret bedeutet dies:

1. **Eigene Lernreise teilen**: Offen über persönliche Erfahrungen, Erfolge und Herausforderungen mit Copilot sprechen.
2. **Zeit für Experimente einräumen**: Explizit Zeit für das Erlernen und Ausprobieren neuer Copilot-Funktionen gewähren.
3. **Lernerfolge würdigen**: Innovatives Nutzen von Copilot anerkennen und als Vorbild hervorheben.
4. **Feedback-Kultur fördern**: Einen offenen Austausch über Erfolge und Misserfolge ermutigen.
5. **Ressourcen bereitstellen**: Notwendige Mittel für kontinuierliches Lernen zur Verfügung stellen.

Eine Bereichsleiterin aus der Versicherungsbranche teilte ihre Erkenntnis: "Der Wendepunkt in unserer Copilot-Adoption kam, als ich selbst begann, in unseren Teammeetings regelmäßig zu teilen, wie ich Copilot für meine Arbeit nutze. Diese authentischen Einblicke haben mehr bewirkt als alle formellen Anweisungen."

Messbares Feedback bildet einen wesentlichen Bestandteil jeder erfolgreichen Lernkultur. Um kontinuierlich zu verstehen, wo Ihre Organisation in der Copilot-Adoption steht und welche Lernformate besonders wirksam sind, empfehle ich diesen systematischen Feedback-Ansatz:

- **Nutzungsanalysen durchführen**: Auswertung der tatsächlichen Copilot-Nutzung nach Anwendungen und Funktionen.
- **Qualitative Interviews führen**: Regelmäßige Gespräche mit Nutzern unterschiedlicher Erfahrungsstufen.
- **Fortschritts-Self-Assessments anbieten**: Selbsteinschätzungstools für Mitarbeiter zur Reflexion ihrer Copilot-Kompetenz.
- **Use-Case-Sammlungen auswerten**: Analyse der dokumentierten Anwendungsfälle nach Komplexität und Innovationsgrad.
- **ROI-Messungen etablieren**: Erfassung konkreter Zeit- und Qualitätsgewinne durch Copilot-Nutzung.

Ein Business-Intelligence-Manager berichtete: "Die Kombination aus harten Nutzungsdaten und qualitativen Interviews hat uns geholfen, unsere Lernformate kontinuierlich zu optimieren. Wir konnten gezielt dort ansetzen, wo die größten Wissenslücken bestanden."

Die gezielte Förderung von Innovationen rund um Copilot bildet einen weiteren Schlüsselaspekt einer lebendigen Lernkultur. In meiner Beratungspraxis haben sich folgende Ansätze bewährt:

1. **Innovation Challenges**: Regelmäßige Wettbewerbe für innovative Copilot-Anwendungsfälle mit Anerkennung der besten Ideen.
2. **Experimentierbudgets**: Bereitstellung dedizierter Ressourcen für die Erkundung neuer Copilot-Möglichkeiten.
3. **Cross-funktionale Hackathons**: Intensive Arbeitsperioden, in denen bereichsübergreifende Teams neue Lösungen mit Copilot entwickeln.
4. **Innovationspaten**: Ernennung von Experten, die andere bei der Umsetzung innovativer Ideen unterstützen.
5. **Showcase-Veranstaltungen**: Regelmäßige Präsentationen besonders gelungener Copilot-Innovationen.

Ein Innovationsmanager aus der Automobilindustrie teilte seine Erfahrung: "Unser vierteljährlicher 'Copilot Innovation Day' hat sich als Katalysator für kreative Anwendungsfälle erwiesen. Teams präsentieren ihre innovativsten Lösungen, und die besten Ideen werden mit zusätzlicher Unterstützung für die Weiterentwicklung belohnt."

Die Integration des kontinuierlichen Lernens in bestehende HR-Prozesse stellt sicher, dass die Entwicklung von Copilot-Kompetenzen nicht als isolierte Initiative wahrgenommen wird. Basierend auf meiner Erfahrung empfehle ich diese Integrationsansätze:

- **Entwicklungsgespräche ergänzen**: Copilot-Kompetenzen als explizites Thema in Mitarbeitergesprächen verankern.
- **Stellenprofile aktualisieren**: KI-Kompetenzen als gewünschte Qualifikation in Stellenausschreibungen aufnehmen.
- **Onboarding anpassen**: Einarbeitung neuer Mitarbeiter von Beginn an mit Copilot-Elementen anreichern.
- **Karrierewege erweitern**: Spezifische Entwicklungspfade für KI-Kompetenzen definieren.
- **Anreizsysteme überprüfen**: Sicherstellen, dass Lernen und Wissensteilung angemessen gewürdigt werden.

Eine HR-Leiterin beschrieb ihren Ansatz: "Wir haben Copilot-Kompetenzen in unser Kompetenzmodell integriert und in Entwicklungsgesprächen fest verankert. Das signalisiert allen Mitarbeitern, dass wir diese Fähigkeiten langfristig als zentral betrachten."

Die skalierbare Organisation des Lernens stellt eine Herausforderung dar, insbesondere in größeren Unternehmen. Um eine lebendige Lernkultur über Abteilungsgrenzen hinweg zu etablieren, hat sich dieses Hub-and-Spoke-Modell bewährt:

1. **Zentrales Copilot-Kompetenzzentrum** (Hub): Ein kleines Expertenteam, das übergreifende Lernformate koordiniert, Materialien entwickelt und als letzte Eskalationsinstanz dient.
2. **Dezentrale Lerngemeinschaften** (Spokes): Bereichsspezifische Gruppen, die den Wissensaustausch in ihrem Umfeld fördern und fachspezifische Anwendungsfälle entwickeln.
3. **Verbindende Kommunikationskanäle**: Etablierte Wege für den Austausch zwischen dem Zentrum und den dezentralen Einheiten sowie untereinander.
4. **Geteilte Ressourcen**: Zentral gepflegte, aber dezentral nutzbare Lernmaterialien und Best Practices.
5. **Gemeinsame Messinstrumente**: Einheitliche Standards zur Erfolgs- und Fortschrittsmessung.

Ein Change Manager aus dem Retail-Bereich berichtete: "Dieses Hub-and-Spoke-Modell ermöglicht uns sowohl standardisierte Grundlagen als auch bereichsspezifische Vertiefungen. Die Balance zwischen zentraler Steuerung und dezentraler Eigenverantwortung war für uns der Schlüssel zum Erfolg."

Die nachhaltige Verankerung einer Lernkultur für Copilot erfordert Durchhaltevermögen und kontinuierliche Anpassung. Meine Erfahrung zeigt, dass viele Initiativen nach einer anfänglichen Begeisterungsphase an Schwung verlieren. Um diesem natürlichen Abflachen entgegenzuwirken, empfehle ich:

- **Regelmäßige Auffrischungsimpulse**: Neue Themen, Formate und Herausforderungen einführen, um Lernmüdigkeit vorzubeugen.
- **Erfolgsgeschichten zelebrieren**: Konkrete Beispiele teilen, wie Copilot-Kompetenzen zu messbaren Verbesserungen geführt haben.
- **Externe Inspirationen einbinden**: Gastredner oder Benchmarking mit anderen Organisationen für frische Perspektiven nutzen.

- **Mikro-Lernziele setzen**: Überschaubare, kurzfristige Lernziele definieren, die schnelle Erfolgserlebnisse ermöglichen.
- **Lernformate iterativ verbessern**: Regelmäßiges Feedback einholen und Formate entsprechend anpassen.

Eine Teamleiterin aus dem Bildungsbereich teilte ihre Strategie: "Wir haben einen 'Copilot-Lernkalender' eingeführt, der jeden Monat ein neues Schwerpunktthema setzt. Diese regelmäßige Variation hält das Interesse wach und verhindert, dass wir in eine Routine verfallen."

Die erfolgreiche Etablierung einer Kultur des kontinuierlichen Lernens für Copilot transformiert nicht nur die Technologienutzung, sondern die gesamte Arbeitsweise einer Organisation. Teams, die diesen kulturellen Wandel vollziehen, entwickeln eine grundlegend neue Haltung gegenüber Veränderung, Technologie und lebenslangem Lernen.

5.2 Den Wandel dauerhaft gestalten: Kompetenzen erweitern und die Zukunft der Arbeit annehmen

5.2.1 Langfristige Vorteile durch die Integration von Copilot sichern

Nach der erfolgreichen Einführung beginnt die eigentliche Herausforderung: die nachhaltige Verankerung der Copilot-Revolution in Ihrer Organisation. In meiner Beratungspraxis beobachte ich immer wieder das gleiche Muster: Die anfängliche Begeisterung für neue Technologien weicht mit der Zeit dem Tagesgeschäft, und das transformative Potenzial wird nur teilweise ausgeschöpft. "Wir haben viel Zeit und Ressourcen in die Einführung investiert, aber jetzt nutzen die Mitarbeiter nur noch die Grundfunktionen", klagte kürzlich ein CIO aus dem Automobilzulieferbereich. Diese verpasste Chance gilt es zu vermeiden.

Die Sicherung langfristiger Vorteile durch Copilot erfordert einen systematischen Ansatz, der weit über die technische Implementierung hinausgeht. Es geht darum, die Nutzung kontinuierlich zu vertiefen, den ROI nachzuweisen und eine selbstverstärkende Dynamik zu schaffen, die den transformativen Effekt dauerhaft verankert.

Meine Erfahrung mit zahlreichen Unternehmen hat gezeigt, dass die nachhaltige Wertschöpfung durch Copilot auf fünf strategischen Säulen ruht:

- **Kontinuierliche Kompetenzentwicklung**: Systematischer Ausbau der Fähigkeiten aller Nutzer
- **Quantifizierbare Erfolgsmessung**: Transparente Dokumentation der erreichten Vorteile

- **Prozessintegration**: Verankerung von Copilot in allen relevanten Arbeitsabläufen
- **Kulturveränderung**: Förderung einer Grundhaltung des technologiegestützten Arbeitens
- **Innovationsmanagement**: Kontinuierliche Erweiterung des Anwendungsspektrums

Ein Mitglied der Geschäftsleitung eines mittelständischen Handelsunternehmens fasste seine Erfahrung so zusammen: "Der entscheidende Faktor für unseren nachhaltigen Erfolg mit Copilot war, dass wir nicht bei der technischen Einführung stehen geblieben sind, sondern konsequent an diesen fünf Hebeln angesetzt haben."

Die erste Säule für langfristigen Erfolg bildet die kontinuierliche Kompetenzentwicklung. Wie bereits in früheren Abschnitten diskutiert, ist eine einmalige Schulung bei Weitem nicht ausreichend. Stattdessen benötigen Sie eine Strategie zur kontinuierlichen Weiterentwicklung der Copilot-Kompetenzen aller Mitarbeiter. Meine bewährten Ansätze umfassen:

1. **Gestaffeltes Lernprogramm**: Entwickeln Sie einen mehrstufigen Lernpfad, der vom Einsteiger bis zum Experten führt.
2. **Mikrolernen im Arbeitsalltag**: Integrieren Sie kurze Lernimpulse in den täglichen Workflow.
3. **Peer-Learning-Netzwerke**: Etablieren Sie Strukturen für den kollegialen Austausch von Best Practices.
4. **Use-Case-Bibliothek**: Bauen Sie eine organisationsweite Sammlung erfolgreicher Anwendungsbeispiele auf.
5. **Regelmäßige Auffrischung**: Bieten Sie wiederkehrende Impulse zu neuen Funktionen und Anwendungsmöglichkeiten.

Eine Personalentwicklerin aus dem Gesundheitssektor teilte ihre Erkenntnis: "Der Schlüssel zur nachhaltigen Nutzung war unser gestaffeltes Kompetenzmodell. Nach der Grundschulung haben wir spezifische Lernpfade für verschiedene Rollen und Abteilungen entwickelt, die auf deren konkrete Bedürfnisse zugeschnitten waren."

Die zweite Säule bildet die quantifizierbare Erfolgsmessung. Um die langfristige Unterstützung des Managements zu sichern und die Motivation der Nutzer zu erhalten, müssen die durch Copilot erzielten Vorteile systematisch erfasst und kommuniziert werden. Hierfür empfehle ich diesen strukturierten Ansatz:

- **Baseline-Erhebung**: Erfassen Sie vor der Einführung relevante KPIs wie Zeitaufwand für Kernprozesse.
- **Multidimensionale Messung**: Berücksichtigen Sie neben Effizienzgewinnen auch Qualitätsverbesserungen und Nutzerzufriedenheit.
- **Bereichsspezifische Metriken**: Definieren Sie für verschiedene Abteilungen jeweils passende Erfolgskriterien.
- **Regelmäßige Erhebungen**: Führen Sie in definierten Intervallen Fortschrittsmessungen durch.
- **Transparente Kommunikation**: Teilen Sie Erfolgsgeschichten und messbare Ergebnisse organisationsweit.

Ein Controller aus der Logistikbranche berichtete: "Wir haben einen Copilot-ROI-Dashboard entwickelt, das die Zeitersparnis, Qualitätsverbesserung und Nutzerzufriedenheit transparent macht. Diese Sichtbarkeit der Erfolge hat maßgeblich zur nachhaltigen Verankerung beigetragen."

Die dritte Säule für langfristigen Erfolg ist die systematische Prozessintegration. Copilot darf nicht als isoliertes Tool betrachtet werden, sondern muss integraler Bestandteil aller relevanten Arbeitsprozesse werden. Für diese Integration haben sich folgende Strategien bewährt:

1. **Prozessanalyse und -optimierung**: Überprüfen Sie bestehende Workflows auf Copilot-Potenzial.
2. **Standardprozeduren dokumentieren**: Entwickeln Sie klare Richtlinien, wie Copilot in Standardprozessen zu nutzen ist.
3. **Process-Owner definieren**: Benennen Sie Verantwortliche für die kontinuierliche Optimierung der Copilot-Integration.
4. **Prozessdokumentation anpassen**: Aktualisieren Sie alle Prozessbeschreibungen um Copilot-spezifische Elemente.
5. **Prozessmetriken erweitern**: Nehmen Sie Copilot-bezogene KPIs in Ihr reguläres Prozessmonitoring auf.

Eine Prozessmanagerin aus dem Versicherungsbereich teilte ihre Erfahrung: "Der Durchbruch kam, als wir Copilot nicht mehr als optionales Add-on, sondern als integralen Bestandteil unserer Kernprozesse definierten. Heute ist die Frage nicht mehr, ob Copilot genutzt wird, sondern wie er am besten eingesetzt wird."

Die vierte Säule bildet die nachhaltige Kulturveränderung. Langfristiger Erfolg mit Copilot erfordert eine grundlegende Veränderung der Arbeitskultur hin zu einer technologieaffinen, experimentierfreudigen Haltung. Diese kulturelle Transformation können Sie durch folgende Maßnahmen fördern:

- **Führungskräfte als Vorbilder**: Stellen Sie sicher, dass Management und Führungskräfte Copilot aktiv nutzen und bewerben.
- **Erfolgsgeschichten zelebrieren**: Machen Sie positive Erfahrungen mit Copilot sichtbar und würdigen Sie Innovatoren.
- **Experimentierfreundliches Umfeld**: Schaffen Sie Raum für das risikofreie Ausprobieren neuer Anwendungsfälle.
- **KI-Kompetenz als Karrierefaktor**: Integrieren Sie Copilot-Expertise in Ihre Personalentwicklungs- und Beförderungskriterien.

- **Offene Diskussionskultur**: Fördern Sie den transparenten Austausch über Chancen und Herausforderungen.

Ein Change Manager berichtete: "Die nachhaltige Kulturveränderung begann erst, als die Geschäftsführung selbst in Meetings demonstrierte, wie sie Copilot für ihre Arbeit nutzt. Diese Vorbildfunktion hatte mehr Wirkung als alle formellen Programme zusammen."

Die fünfte Säule für langfristigen Erfolg mit Copilot ist ein systematisches Innovationsmanagement. Um die vollen Potenziale auszuschöpfen, müssen Sie kontinuierlich neue Anwendungsfälle identifizieren und entwickeln. Hierfür empfehle ich folgende Ansätze:

1. **Innovationsworkshops**: Führen Sie regelmäßige Sessions zur Identifikation neuer Einsatzmöglichkeiten durch.
2. **Ideenwettbewerbe**: Schaffen Sie Anreize für innovative Copilot-Anwendungen.
3. **Cross-funktionale Teams**: Bilden Sie bereichsübergreifende Arbeitsgruppen zur Exploration neuer Use Cases.
4. **Pilotprojekte**: Testen Sie vielversprechende neue Anwendungen in einem kontrollierten Umfeld.
5. **Systematische Skalierung**: Übertragen Sie erfolgreiche Pilotprojekte schrittweise auf die Gesamtorganisation.

Ein Innovationsmanager aus der Fertigungsindustrie teilte seine Strategie: "Wir haben ein 'Copilot Innovation Lab' etabliert, in dem Mitarbeiter aus verschiedenen Abteilungen einen Tag pro Monat an neuen Anwendungsfällen arbeiten. Diese strukturierte Innovation hat uns geholfen, kontinuierlich neue Wertpotenziale zu erschließen."

Die Nachhaltigkeit Ihrer Copilot-Transformation wird maßgeblich von der Governance-Struktur beeinflusst. In erfolgreichen

Implementierungen beobachte ich typischerweise diese Governancemodelle:

- **Zentrale Steuerungsgruppe**: Ein abteilungsübergreifendes Gremium, das strategische Richtung vorgibt und Ressourcen koordiniert.
- **Lokale Champions**: Dezentrale Experten in allen Abteilungen, die als Multiplikatoren und erste Ansprechpartner dienen.
- **Community of Practice**: Ein informelles Netzwerk von interessierten Nutzern zum Wissensaustausch.
- **Technisches Kompetenzzentrum**: Eine zentrale Stelle für komplexe Fragen und fortgeschrittene Anwendungsfälle.
- **Executive Sponsorship**: Klare Verantwortung auf Führungsebene für den langfristigen Erfolg.

Ein CIO fasste seinen Ansatz so zusammen: "Unsere hybride Governance-Struktur kombiniert zentrale Steuerung mit dezentraler Verantwortung. Diese Balance war entscheidend für die nachhaltige Verankerung von Copilot in der Organisation."

Die Einbindung von Copilot in Ihre langfristige Digitalisierungsstrategie stellt einen weiteren Erfolgsfaktor dar. Statt Copilot als isolierte Initiative zu betrachten, sollten Sie ihn als Baustein einer umfassenderen digitalen Transformation positionieren. Diese strategische Einbettung umfasst:

1. **Alignment mit Unternehmenszielen**: Verknüpfen Sie Copilot-Anwendungsfälle explizit mit strategischen Prioritäten.
2. **Integration in Digitalisierungsroadmap**: Machen Sie Copilot zu einem zentralen Element Ihrer digitalen Transformation.
3. **Synergiepotenziale identifizieren**: Suchen Sie nach Verknüpfungsmöglichkeiten mit anderen digitalen Initiativen.

4. **Strategische Ressourcenallokation**: Sichern Sie langfristig die notwendigen Mittel für Weiterentwicklung und Support.

5. **Regelmäßige Strategiereviews**: Überprüfen und aktualisieren Sie Ihre Copilot-Strategie in definierten Intervallen.

Ein Strategieberater teilte seine Erkenntnis: "Die nachhaltigsten Erfolge mit Copilot sehen wir in Unternehmen, die ihn nicht als Insellösung, sondern als strategisches Element ihrer digitalen Transformation betrachten."

Die Messbarkeit des ROI spielt eine zentrale Rolle für die langfristige Unterstützung durch das Management. In meinen Projekten haben sich diese Kennzahlen als besonders aussagekräftig erwiesen:

- **Zeitersparnis**: Reduktion des Zeitaufwands für manuelle Tätigkeiten
- **Qualitätsverbesserung**: Messbare Steigerung der Ergebnisqualität
- **Innovationsrate**: Anzahl neuer Ideen und Anwendungsfälle
- **Mitarbeiterzufriedenheit**: Verbesserungen in relevanten Zufriedenheitsmetrikers
- **Geschäftskennzahlen**: Direkte Auswirkungen auf Umsatz, Kundenzufriedenheit oder andere Business-KPIs

Ein CFO aus dem Einzelhandel berichtete: "Die konsequente Messung und Kommunikation dieser KPIs hat uns geholfen, die anfängliche Investition in Copilot zu rechtfertigen und kontinuierliche Budgets für die Weiterentwicklung zu sichern."

Die nachhaltige Verankerung von Copilot in Ihrer Organisation ist kein einmaliges Projekt, sondern ein kontinuierlicher Prozess der Optimierung und Erweiterung. Mit dem beschriebenen systematischen Ansatz können Sie sicherstellen, dass die anfänglichen Produktivitätsgewinne nicht nur erhalten bleiben, sondern sich im Laufe der Zeit sogar verstärken.

5.2.2 IHRE BERUFLICHE ENTWICKLUNG PROAKTIV AN DIE KI-GESTÜTZTE ARBEITSWELT ANPASSEN

Die Berufslandschaft durchläuft eine fundamentale Transformation. In meinen Gesprächen mit Führungskräften und Mitarbeitern höre ich immer wieder die Frage: "Welche Fähigkeiten brauche ich in einer Welt, in der KI-Tools wie Copilot immer mehr Aufgaben übernehmen können?" Diese Frage zeugt von einer berechtigten Sorge, aber auch von einer wichtigen Einsicht: Die proaktive Anpassung Ihrer beruflichen Entwicklung an die KI-gestützte Arbeitswelt ist nicht optional, sondern essenziell für Ihre langfristige berufliche Relevanz und Zufriedenheit.

Die gute Nachricht lautet: Die Integration von Copilot in Ihren Arbeitsalltag bietet eine ideale Gelegenheit, Ihre Fähigkeiten neu auszurichten und zu erweitern. Dabei geht es nicht darum, gegen die KI zu konkurrieren, sondern mit ihr zu kooperieren und Ihre einzigartigen menschlichen Stärken zu betonen. Ein Projektmanager aus der Automotive-Branche beschrieb mir seinen Perspektivwechsel: "Erst hatte ich Angst, dass Copilot meine Arbeit überflüssig macht. Jetzt sehe ich ihn als Partner, der mir hilft, mich auf Aufgaben zu konzentrieren, die wirklich meiner Expertise bedürfen."

Die strategische Neuausrichtung Ihrer Kompetenzentwicklung beginnt mit einem klaren Verständnis, welche Fähigkeiten in einer KI-unterstützten Arbeitswelt besonders wertvoll sein werden. Basierend auf meiner Erfahrung in der Begleitung von Transformationsprozessen habe ich diese zukunftssicheren Schlüsselkompetenzen identifiziert:

- **Strategisches Denken**: Die Fähigkeit, komplexe Zusammenhänge zu erfassen, langfristige Perspektiven zu entwickeln und die richtigen Fragen zu stellen
- **Kreativität und Innovation**: Das Vermögen, neuartige Lösungen zu entwickeln und unkonventionelle Verbindungen herzustellen
- **Emotionale und soziale Intelligenz**: Die Kompetenz, Emotionen zu verstehen, Beziehungen aufzubauen und Teams zu führen
- **Ethisches Urteilsvermögen**: Die Fähigkeit, moralische Implikationen zu erkennen und verantwortungsvolle Entscheidungen zu treffen
- **Adaptive Lernfähigkeit**: Die Bereitschaft und Kompetenz, sich kontinuierlich anzupassen und neue Fähigkeiten zu erwerben

Eine Personalentwicklerin aus dem Gesundheitswesen teilte mir ihre Beobachtung mit: "Wir sehen, dass Mitarbeiter, die diese Meta-Kompetenzen entwickeln, nicht nur erfolgreicher mit KI-Tools arbeiten, sondern auch insgesamt zufriedener und widerstandsfähiger gegenüber Veränderungen sind."

Neben diesen übergreifenden Kompetenzen gewinnen spezifische technische Fähigkeiten im Zusammenhang mit Copilot an Bedeutung. Die folgende Liste zeigt die wichtigsten technischen Kompetenzen, die ich meinen Klienten empfehle:

1. **Prompt-Engineering**: Die Kunst, präzise und effektive Anweisungen zu formulieren, um optimale Ergebnisse von KI-Systemen zu erhalten
2. **KI-Output-Evaluation**: Die Fähigkeit, KI-generierte Inhalte kritisch zu bewerten und zu verfeinern
3. **Datenverständnis**: Ein grundlegendes Verständnis von Datenstrukturen, Analyse und Interpretation
4. **Workflow-Design**: Die Kompetenz, effiziente Arbeitsabläufe unter Integration von KI-Tools zu gestalten

5. **Kollaborative Intelligenz**: Die Fähigkeit, optimal mit KI-Systemen und menschlichen Kollegen zusammenzuarbeiten

Ein CIO aus dem Finanzsektor beschrieb mir seine Strategie: "Wir investieren gezielt in Schulungen zu diesen Bereichen. Nicht um technische Experten auszubilden, sondern um allen Mitarbeitern zu ermöglichen, souverän mit KI-Assistenten zu arbeiten und deren Potenzial voll auszuschöpfen."

Die praktische Umsetzung Ihrer persönlichen Kompetenzentwicklung erfordert einen strukturierten Ansatz. Meine bewährte Methodik umfasst diese fünf Schritte:

- **Selbstreflexion**: Analysieren Sie Ihre aktuellen Stärken und Entwicklungsfelder im Kontext der KI-gestützten Arbeitswelt
- **Zielsetzung**: Definieren Sie konkrete, messbare Lernziele für die nächsten 3, 6 und 12 Monate
- **Lernplan erstellen**: Entwickeln Sie einen ausgewogenen Mix aus formellen und informellen Lernaktivitäten
- **Kontinuierliche Praxis**: Integrieren Sie das Gelernte unmittelbar in Ihren Arbeitsalltag
- **Regelmäßige Reflexion**: Überprüfen Sie Ihre Fortschritte und passen Sie Ihre Ziele bei Bedarf an

Eine Führungskraft aus dem Einzelhandel teilte mir mit: "Dieser systematische Ansatz hat mir geholfen, meine anfängliche Überforderung zu überwinden. Indem ich kleine, regelmäßige Lerneinheiten in meinen Alltag integriert habe, konnte ich mich kontinuierlich weiterentwickeln, ohne mein Tagesgeschäft zu vernachlässigen."

Für die konkrete Gestaltung Ihres persönlichen Lernwegs empfehle ich eine Kombination verschiedener Lernformate. Diese Vielfalt hat sich in meinen Beratungsprojekten als besonders wirksam erwiesen:

1. **Formelle Weiterbildungen**: Gezielte Kurse zu relevanten Themen, sei es online oder in Präsenz
2. **Projektbasiertes Lernen**: Aktive Anwendung von Copilot in realen Projekten mit bewusster Reflexion
3. **Mentoring und Coaching**: Austausch mit erfahrenen Anwendern oder externen Experten
4. **Peer-Learning**: Regelmäßiger Austausch mit Kollegen über Erkenntnisse und Best Practices
5. **Selbststudium**: Regelmäßige Zeit für Experimente, Lektüre und Online-Recherche

Ein Teamleiter aus dem Ingenieurbereich berichtete von seinem Erfolg: "Wir haben Lernzirkel etabliert, in denen wir uns alle zwei Wochen über neue Copilot-Anwendungsfälle austauschen. Diese Kombination aus eigener Praxis und kollektivem Lernen hat sich als extrem effektiv erwiesen."

Die strategische Positionierung Ihrer beruflichen Entwicklung gegenüber Ihrem Arbeitgeber bildet einen weiteren wichtigen Aspekt. Ich empfehle meinen Klienten, ihre KI-bezogene Kompetenzentwicklung aktiv zu kommunizieren und als Wertsteigerung darzustellen. Diese Ansätze haben sich bewährt:

- **Entwicklungsgespräche nutzen**: Thematisieren Sie proaktiv Ihre Lernziele im Bereich KI-Kompetenzen
- **Erfolgserlebnisse teilen**: Dokumentieren und kommunizieren Sie gelungene Anwendungsfälle von Copilot
- **Mentoring anbieten**: Stellen Sie Ihr Wissen anderen Kollegen zur Verfügung und etablieren Sie sich als interner Experte
- **Innovationen vorschlagen**: Entwickeln Sie Ideen für neue Einsatzmöglichkeiten von Copilot in Ihrem Arbeitsbereich
- **ROI aufzeigen**: Quantifizieren Sie, wo möglich, die durch Ihre Copilot-Kompetenzen erzielten Verbesserungen

Eine Marketing-Spezialistin beschrieb ihre Erfahrung: "Indem ich regelmäßig in unserem Teammeetings kurze Copilot-Erfolgsgeschichten geteilt habe, wurde ich schnell zur Ansprechpartnerin für KI-Themen. Das hat nicht nur meine Position im Unternehmen gestärkt, sondern auch zu spannenden neuen Projektmöglichkeiten geführt."

Die Entwicklung einer zukunftsorientierten Lernhaltung stellt einen entscheidenden Faktor für Ihren langfristigen Erfolg dar. In einer Zeit rasanter technologischer Veränderungen ist die Fähigkeit, kontinuierlich zu lernen und sich anzupassen, wichtiger als spezifisches Faktenwissen. Diese mentalen Einstellungen haben sich als besonders förderlich erwiesen:

1. **Wachstumsdenken**: Die Überzeugung, dass Fähigkeiten durch Einsatz und Übung entwickelt werden können
2. **Experimentierfreude**: Die Bereitschaft, Neues auszuprobieren und aus Fehlern zu lernen
3. **Offenheit für Veränderung**: Eine positive Grundhaltung gegenüber Wandel und neuen Möglichkeiten
4. **Langfristperspektive**: Die Fähigkeit, über kurzfristige Irritationen hinaus den langfristigen Nutzen zu sehen
5. **Kollaborative Einstellung**: Die Bereitschaft, Wissen zu teilen und von anderen zu lernen

Ein Change Manager aus der Telekommunikationsbranche fasste es treffend zusammen: "Die größte Herausforderung bei der Copilot-Einführung war nicht die Technologie selbst, sondern die Entwicklung dieser zukunftsorientierten Denkweise. Sobald diese verankert war, folgten die konkreten Kompetenzen fast von selbst."

Die Balance zwischen digitalen und authentisch menschlichen Fähigkeiten wird in der KI-gestützten Arbeitswelt zunehmend wichtiger. In meinen Workshops betone ich stets, dass die Zukunft nicht den KI-Spezialisten oder den KI-Verweigerern gehört, sondern den "Augmented Professionals", die das Beste aus beiden

Welten verbinden. Diese hybride Arbeitsweise zeichnet sich durch folgende Merkmale aus:

- **Kritisches Denken**: Die Fähigkeit, KI-Ergebnisse zu hinterfragen und einzuordnen
- **Kontextverständnis**: Das Vermögen, den größeren Zusammenhang zu erfassen, den KI oft nicht sieht
- **Ethisches Bewusstsein**: Die Kompetenz, ethische Dimensionen zu erkennen und zu berücksichtigen
- **Systemisches Denken**: Die Fähigkeit, Zusammenhänge und Wechselwirkungen zu verstehen
- **Menschliche Verbindung**: Die Kompetenz, echte Beziehungen aufzubauen und Vertrauen zu schaffen

Eine Unternehmensberaterin teilte ihre Beobachtung: "Die erfolgreichsten Professionals, die ich begleite, sehen Copilot nicht als Ersatz, sondern als Erweiterung ihrer Fähigkeiten. Sie nutzen die gewonnene Zeit für tiefere Analysen, kreativere Lösungen und intensivere Kundengespräche."

Die Integration Ihrer persönlichen Entwicklung in eine langfristige Karrierestrategie bildet den Schlussstein Ihrer Anpassung an die KI-gestützte Arbeitswelt. Basierend auf meinen Erfahrungen mit zahlreichen Karriereverläufen empfehle ich diese strategischen Überlegungen:

1. **Positionierung als Brückenbauer**: Entwickeln Sie sich zum Vermittler zwischen technischen Möglichkeiten und fachlichen Anforderungen
2. **Fokus auf komplexe Probleme**: Spezialisieren Sie sich auf Aufgaben, die menschliches Urteilsvermögen erfordern
3. **Nischenexpertise vertiefen**: Kombinieren Sie Ihr Fachwissen mit KI-Kompetenzen zu einem einzigartigen Profil
4. **Vernetzung ausbauen**: Pflegen Sie aktiv Ihr berufliches Netzwerk als Quelle von Inspiration und Möglichkeiten

5. **Flexibilität erhalten**: Bleiben Sie offen für neue Rollen und unerwartete Karrierepfade

Eine Karriereberaterin fasste die Perspektive so zusammen: "Die KI-Revolution verändert nicht nur Jobs, sondern schafft völlig neue Berufsbilder. Die spannendsten Karrieren entstehen oft an den Schnittstellen zwischen traditionellen Disziplinen und neuen technologischen Möglichkeiten."

Die proaktive Anpassung Ihrer beruflichen Entwicklung an die KI-gestützte Arbeitswelt ist kein einmaliges Projekt, sondern eine kontinuierliche Reise. Mit einer strategischen Herangehensweise, gezielten Kompetenzentwicklung und einer zukunftsorientierten Denkweise können Sie nicht nur den Wandel meistern, sondern aktiv mitgestalten und für Ihren persönlichen und beruflichen Erfolg nutzen.

SCHLUSSFOLGERUNG

Haben Sie sich jemals gefragt, welchen Weg unsere digitale Reise genommen hätte, wenn wir an jeder Verzweigung die falsche Abzweigung gewählt hätten? Wenn wir an den Schlüsselmomenten der technologischen Evolution aus Angst oder Unwissenheit zurückgewichen wären? Die Geschichte der Menschheit ist geprägt von transformativen Technologien, die zunächst mit Skepsis betrachtet wurden. Von der Druckerpresse über die Dampfmaschine bis hin zum Internet, jede Transformation begann mit einem Moment der Entscheidung: annehmen oder ablehnen. Mit Microsoft 365 Copilot stehen wir an genau solch einem Scheideweg. Ihre Entscheidung, dieses Buch zu lesen und diese Reise anzutreten, war der erste Schritt zur aktiven Gestaltung Ihrer beruflichen Zukunft.

Die anfängliche Unsicherheit, die viele von uns beim Gedanken an KI-Integration in unseren Arbeitsalltag empfinden, ist nicht nur verständlich, sondern ein natürlicher Teil jedes Transformationsprozesses. Erinnern Sie sich an unsere Diskussion über die aufkommende Unsicherheit bezüglich KI am Arbeitsplatz? Diese Gefühle gehören zum Wandel wie das Kribbeln vor einem wichtigen Ereignis. Sie signalisieren, dass wir uns an der Schwelle zu etwas Bedeutsamem befinden.

Der Weg, den wir gemeinsam zurückgelegt haben, führte von der bloßen Technologiebetrachtung zur strategischen Nutzung, von der oberflächlichen Anwendung zur tiefgreifenden Integration in Ihre Arbeitsprozesse. Was als Einführung in ein neues Tool begann, hat sich zu einer umfassenden Transformation Ihrer Arbeitsweise entwickelt. Dieser Prozess spiegelt eine größere Wahrheit wider: Technologie allein verändert wenig, erst unsere bewusste Entscheidung, sie sinnvoll zu integrieren, schafft echten Wandel.

In meiner Beratungspraxis erlebe ich täglich, wie unterschiedlich Menschen mit technologischen Veränderungen umgehen. Manche klammern sich an vertraute Prozesse, selbst wenn diese ineffizient sind. Andere stürzen sich kopfüber in jede Neuerung, ohne strategische Überlegungen. Der nachhaltige Weg liegt, wie so oft, in der Mitte: reflektierte Akzeptanz gepaart mit strategischer Implementation. Genau diesen Weg haben wir mit diesem Buch eingeschlagen.

Die fünf Hauptkapitel dieses Buches repräsentieren nicht nur Wissensblöcke, sondern Entwicklungsphasen Ihrer persönlichen Copilot-Reise:

- **Das Fundament legen**: Vom Verständnis der Kernfunktionen bis zur technischen Vorbereitung Ihrer Umgebung
- **Den Motor starten**: Von ersten Prompt-Experimenten bis zu unmittelbaren Produktivitätsgewinnen
- **Arbeitsabläufe neu gestalten**: Von der Automatisierung einfacher Aufgaben bis zur Transformation ganzer Team-Workflows
- **Fortgeschrittene Strategien meistern**: Von der Datenanalyse bis zur kreativen Ideenfindung
- **Die Transformation verankern**: Von der Akzeptanzförderung bis zur zukunftssicheren Kompetenzentwicklung

Jede dieser Phasen baut auf der vorherigen auf und schafft ein solides Fundament für die nächste. Diese Struktur verdeutlicht einen wichtigen Aspekt digitaler Transformation: Sie ist kein einmaliges Ereignis, sondern ein kontinuierlicher Prozess des Lernens, Anpassens und Wachsens.

Der rote Faden, der sich durch unser gemeinsames Werk zieht, ist die Erkenntnis, dass KI-Tools wie Copilot uns nicht ersetzen, sondern ergänzen. Im ersten Kapitel haben wir die Funktionsweise von Copilot entmystifiziert und erkannt, dass diese Technologie nicht darauf abzielt, menschliche Arbeit zu eliminieren, sondern sie auf ein höheres Niveau zu heben. Diese Einsicht wirkt wie ein Gegenmittel gegen die verbreitete Angst vor beruflicher Irrelevanz im KI-Zeitalter.

Besonders wertvoll war für viele meiner Leser die Erkenntnis, dass die Kunst des effektiven Promptings eine erlernbare Fähigkeit ist. Was anfangs wie Zauberei erscheint, entpuppt sich bei näherer Betrachtung als ein strukturierter Prozess mit klaren Prinzipien und Regeln. Die Fähigkeit, präzise Anweisungen zu formulieren, ist nicht nur für die Zusammenarbeit mit KI wertvoll, sondern verbessert auch die zwischenmenschliche Kommunikation. Ein Teamleiter berichtete mir: "Seit ich gelernt habe, klare Prompts für Copilot zu formulieren, kommuniziere ich auch mit meinen Mitarbeitern präziser."

Die praktischen Beispiele zur Automatisierung von Routineaufgaben und zur Neugestaltung von Arbeitsabläufen haben gezeigt, wie tiefgreifend Copilot unsere tägliche Arbeit verändern kann. Ein wiederkehrendes Feedback meiner Workshopteilnehmer lautet: "Ich hätte nie gedacht, dass ich so viel Zeit mit administrativen Tätigkeiten verschwende, bis ich sie mit Copilot automatisiert habe." Diese gewonnene Zeit ist vielleicht der wertvollste Aspekt der Copilot-Integration, denn sie eröffnet Raum für kreative und strategische Tätigkeiten, die wirklich menschliches Denken erfordern.

Die fortgeschrittenen Anwendungsfälle zur Datenanalyse und kreativen Ideenfindung verdeutlichen, dass Copilot weit mehr ist als ein einfaches Produktivitätstool. In den richtigen Händen wird es zum Katalysator für Innovation und tiefere Einsichten. Ein Finanzanalyst teilte mir mit: "Durch die Kombination meiner Branchenexpertise mit Copilots Fähigkeit, große Datenmengen zu verarbeiten, konnte ich Zusammenhänge erkennen, die mir sonst entgangen wären." Diese Symbiose zwischen menschlicher Expertise und KI-Unterstützung repräsentiert die Zukunft wissensbasierter Arbeit.

Der abschließende Teil unserer Reise widmete sich der nachhaltigen Verankerung der Copilot-Transformation. Die Erkenntnisse zur Akzeptanzförderung und zum Change Management sind besonders wertvoll in organisatorischen Kontexten. Ein IT-Leiter schrieb mir: "Das Kapitel zur Entwicklung einer Lernkultur hat uns geholfen, Copilot nicht als einmaliges Projekt, sondern als kontinuierlichen Entwicklungsprozess zu verstehen." Diese langfristige Perspektive ist entscheidend für den nachhaltigen Erfolg jeder technologischen Innovation.

Bei all dem technologischen Fortschritt dürfen wir einen wesentlichen Aspekt nicht vergessen: Am Ende geht es um Menschen und ihre Bedürfnisse. Technologie sollte uns dienen, nicht beherrschen. Ein Teilnehmer meines Führungskräfte-Workshops brachte es auf den Punkt: "Die wertvollste Erkenntnis war für mich, dass wir nicht Sklaven der Technologie sein müssen, sondern ihre Gestalter." Diese Einsicht bringt uns zurück zum Kern unserer Reise: die bewusste Entscheidung, technologischen Wandel aktiv mitzugestalten statt ihn passiv zu erleiden.

Die Frage, die sich nun stellt, ist nicht mehr, ob Sie Copilot in Ihren Arbeitsalltag integrieren sollten, sondern wie Sie diese Integration optimal gestalten. Die in diesem Buch vorgestellten Strategien bieten Ihnen einen Werkzeugkasten, den Sie flexibel an Ihre spezifischen Bedürfnisse anpassen können. Jedes Unternehmen, jedes Team und jeder Einzelne wird seinen eigenen Weg finden, die Potenziale dieser Technologie zu erschließen.

Denken Sie dabei an die verschiedenen Reifegrade der Copilot-Nutzung:

1. **Erste Schritte**: Einzelne Anwendungsfälle für persönliche Produktivität
2. **Fortgeschrittene Nutzung**: Integration in tägliche Workflows und Teamzusammenarbeit

3. **Transformative Anwendung**: Grundlegende Neugestaltung von Prozessen und Arbeitsweisen
4. **Strategische Integration**: Kopilot als Teil einer umfassenden Digitalisierungsstrategie
5. **Kontinuierliche Innovation**: Ständige Erweiterung und Anpassung der Anwendungsfälle

Wo Sie auf dieser Reife-Skala stehen, ist weniger wichtig als die Richtung, in die Sie sich bewegen. Jeder Schritt vorwärts ist ein Gewinn, solange er bewusst und zielgerichtet erfolgt.

Die Zukunft der Arbeit mit KI-Tools wie Copilot wird nicht von der Technologie allein bestimmt, sondern von unseren Entscheidungen, wie wir sie einsetzen. In meinen Gesprächen mit Führungskräften verschiedener Branchen zeichnen sich drei grundlegende Zukunftsszenarien ab:

- **Szenario 1: Oberflächliche Adoption** – Unternehmen nutzen KI-Tools wie Copilot nur für einfache Aufgaben, ohne tiefgreifende Integration in ihre Kernprozesse. Der Produktivitätsgewinn bleibt begrenzt.

- **Szenario 2: Partielle Transformation** – Einzelne Teams oder Abteilungen nutzen die Technologie intensiv, während andere zurückbleiben. Dies führt zu Effizienzunterschieden und möglichen Spannungen.

- **Szenario 3: Ganzheitliche Integration** – Die Organisation entwickelt eine kohärente Strategie zur KI-Integration, die alle Bereiche umfasst und kontinuierlich weiterentwickelt wird. Dies führt zu nachhaltigen Wettbewerbsvorteilen.

Ich bin überzeugt, dass Organisationen, die den dritten Weg wählen, in den kommenden Jahren deutliche Vorteile erzielen werden. Sie werden nicht nur effizienter arbeiten, sondern auch innovativer und anpassungsfähiger sein. Die gute Nachricht: Mit dem Wissen aus diesem Buch sind Sie bestens gerüstet, um diesen Weg einzuschlagen.

Ein Aspekt, der in Diskussionen über KI oft zu kurz kommt, ist die menschliche Dimension. Technologische Transformation ist immer auch eine persönliche Transformation. Sie verändert nicht nur, wie wir arbeiten, sondern auch, wie wir uns selbst in Bezug auf unsere Arbeit wahrnehmen. Ein Projektmanager beschrieb mir seine Erfahrung so: "Seit ich Copilot für administrative Aufgaben nutze, definiere ich meine Rolle neu. Ich bin nicht mehr der, der Berichte formatiert, sondern der, der strategische Entscheidungen trifft."

Diese Neudefinition beruflicher Identität ist vielleicht der tiefgreifendste Aspekt der KI-Revolution. Sie ermöglicht uns, über das hinauszuwachsen, was wir bisher waren, und uns auf Tätigkeiten zu konzentrieren, die wirklich unsere einzigartigen menschlichen Fähigkeiten erfordern:

- Kreatives und kritisches Denken
- Emotionale Intelligenz und Empathie
- Ethische Urteilsbildung
- Komplexe Problemlösung
- Interpersonelle Zusammenarbeit

In diesem Sinne ist Copilot nicht nur ein Werkzeug zur Produktivitätssteigerung, sondern ein Katalysator für persönliches und berufliches Wachstum. Es befreit uns von der Last repetitiver Aufgaben und eröffnet Raum für bedeutungsvollere Arbeit.

Die Reise, die wir gemeinsam unternommen haben, endet nicht mit der letzten Seite dieses Buches. Sie ist vielmehr der Anfang eines fortlaufenden Prozesses des Lernens, Experimentierens und Wachsens mit KI-Technologien. Microsoft 365 Copilot selbst wird sich weiterentwickeln, neue Funktionen werden hinzukommen, bestehende werden sich verbessern. Ihre Fähigkeit, mit diesem Wandel Schritt zu halten und ihn proaktiv zu gestalten, wird ein entscheidender Erfolgsfaktor sein.

Ich möchte Sie ermutigen, das Gelernte unmittelbar in die Praxis umzusetzen. Beginnen Sie mit einem kleinen, überschaubaren

Anwendungsfall. Vielleicht die Automatisierung eines wiederkehrenden Berichts oder die Optimierung Ihrer E-Mail-Kommunikation. Sammeln Sie Erfahrungen, reflektieren Sie diese und bauen Sie darauf auf. Teilen Sie Ihr Wissen mit Kollegen und lernen Sie von deren Erfahrungen. Schaffen Sie eine Gemeinschaft des Lernens und der kontinuierlichen Verbesserung.

Die digitale Transformation unserer Arbeitswelt ist keine ferne Zukunftsvision, sie geschieht jetzt, in diesem Moment. Mit jedem Prompt, den Sie formulieren, mit jeder Automatisierung, die Sie implementieren, mit jedem Prozess, den Sie optimieren, gestalten Sie aktiv die Zukunft der Arbeit mit. Diese Gestaltungsmacht ist ein Privileg und eine Verantwortung zugleich.

Während wir am Ende unserer gemeinsamen Reise angelangt sind, steht Ihre persönliche Reise mit Copilot noch am Anfang. Die Werkzeuge und Strategien, die Sie in diesem Buch kennengelernt haben, sind Ihr Kompass in der sich ständig wandelnden Landschaft der KI-gestützten Arbeitswelt. Nutzen Sie ihn weise, bleiben Sie neugierig und offen für Neues, und vergessen Sie nie: Die Technologie ist nur so gut wie die Menschen, die sie einsetzen.

In diesem Geiste wünsche ich Ihnen viel Erfolg bei Ihrer persönlichen Copilot-Revolution. Möge sie Ihre Arbeit nicht nur effizienter, sondern auch erfüllender und bedeutungsvoller machen. Die Zukunft gehört denen, die sie aktiv gestalten. Seien Sie einer von ihnen.

DANKSAGUNG

Das Schreiben dieses Buches war eine transformative Reise, die mich tief berührt hat. Während ich die Zeilen über Microsoft 365 Copilot verfasste, wurde mir immer bewusster, wie sehr dieser Prozess selbst die Essenz dessen verkörpert, was ich zu vermitteln versuchte: mutige Anpassung an technologischen Wandel.

Mein erster Dank gilt den zahlreichen Fach- und Führungskräften, die ihre Erfahrungen, Ängste und Erfolgsgeschichten mit mir geteilt haben. Ihre Offenheit hat dieses Buch mit Leben gefüllt und praktisch relevant gemacht.

Besonders dankbar bin ich meinem fachlichen Netzwerk, das meine Ideen kritisch hinterfragt und verfeinert hat. Die gemeinsamen Diskussionen haben die Qualität dieser Seiten maßgeblich geprägt.

Nicht zuletzt danke ich Ihnen, liebe Leserin, lieber Leser, für Ihren Mut, sich auf diese Reise einzulassen. Wenn Sie Wert aus diesem Buch gezogen haben, würde ich mich freuen, wenn Sie Ihre Erfahrungen mit anderen teilen möchten.

Heinrich Neumann

www.ingramcontent.com/pod-product-compliance
Lightning Source LLC
LaVergne TN
LVHW051329050326
832903LV00031B/3447